secession

Grzegorz Szymanik
Julia Wizowska

Mitternacht in Donezk

Eine literarische Reportage

Deutscher Übersetzerfonds

NEUSTART KULTUR

Die Beauftragte der Bundesregierung für Kultur und Medien

Die Arbeit des Übersetzers am vorliegenden Text wurde im Rahmen des Programms NEUSTART KULTUR aus Mitteln der Beauftragten der Bundesregierung für Kultur und Medien vom Deutschen Übersetzerfonds gefördert.

Kofinanziert von der Europäischen Union

Die Originalausgabe erschien unter dem Titel *Po północy w Doniecku*

Übersetzung: Stanisław Strasburger
Fremdsprachenlektorat: Simone Falk
Lektorat: Christian Ruzicska, Felicitas Fritzsche
Korrektorat: Felicitas Fritzsche
www.secession-verlag.com

Gestaltung: Eva Mutter, Barcelona
Satz: Marco Stölk, Berlin
Herstellung: Daniel Klotz, Berlin
Druck und buchbinderische Verarbeitung: Friedrich Pustet, Regensburg
Papier Innenteil: 100 g/m^2 Werkdruck holzfrei
Papier Überzug: 130 g/m^2 F-Color metallic
Papier Vor- und Nachsatz: 115 g/m^2 Surbalin

Printed in Germany
ISBN 978-3-96639-086-6

»Wenn auf Straßenkreuzungen Panzerwagen stehen, wenn Feuer qualmen, in denen alte Wahrheiten verbrannt werden, so ist das keine historische Umwälzung mehr. Dann hat schon die neue Geschichte begonnen.«

Arkadi Strugatzki und Boris Strugatzki,
Die Last des Bösen oder vierzig Jahre später.
Deutsch: Kurt Baudisch, Wilhelm Heyne Verlag, 2011.

Kapitel 1

Denkmäler und Menschen

Winter 2013

Hinterher sagten die Bewohner der Stadt, dass man das alles schon hätte vorhersehen müssen, als die Zeit stehen geblieben war. Etwa einen Monat bevor es losging, war so viel Staub in das Uhrwerk des Donezker Postturms eingedrungen, dass die Uhr nicht mehr lief. Um 8:55 Uhr blieben die Zeiger stehen.

»In einer Stadt, in der die Zeit stehen geblieben ist«, sagten die Einwohner, »kann nichts Gutes geschehen.«

Man spürt den Winter kommen. Der Wind treibt vereinzelte Schneeflocken über den Lenin-Platz und für einen Moment glauben wir, es seien Pusteblumen. Die Pfützen sind bereits gefroren und die Straßenlaternen spiegeln sich im Eis. Schneematsch bedeckt die Bänke. Vor dem Denkmal des Revolutionsführers hocken Tauben dicht an dicht, als wären sie Demonstranten. Die wenigen Passanten stellen ihre Kragen auf und versuchen, gegen den Wind die Artjom-Straße hinunterzulaufen. Es ist noch früh am Abend, aber die Stadt wirkt schläfrig. Sie bewegt sich langsam und träge, als wollte sie ihre Kräfte schonen für den Krieg, der in sechs Monaten ausbrechen soll.

Auf dem Markt von Donezk steckt der Mann in Lederjacke und Baseballmütze mit der Aufschrift ›Russian Division‹ gerade die raubkopierten CDs wieder in seine Tasche. Eigentlich heißt er Alexander Matjuschin, aber wegen seiner Schweizer Vorfahren nennen ihn die einen Sascha de Krog, für die anderen ist er einfach Warjag, von den Warägern, den Wikingern. In ein paar Monaten wird Warjag sein erstes Opfer töten.

Professor Sergei Baryschnikow verbringt diesen Abend in der Bierstube Sarmata. Baryschnikow lehrt Geopolitik an der örtlichen Universität und ist ein Genussmensch. Sein bärtiges, rundes Gesicht spiegelt sich in seinem leeren Bierkrug. In einem halben Jahr wird dasselbe Gesicht auf einer Terroristenliste zu sehen sein.

Sergei Sacharow zeichnet gerade ein Bild. Maler wollte er schon immer werden, aber davon kann man hier nicht leben. Also arbeitet er tagsüber als Innenarchitekt und malt abends. Auf seinen Leinwänden wimmelt es von verrückten Formen, Ovalen, Kreisen und Ornamenten, die aussehen wie Gewebe unbekannter Lebewesen unter dem Mikroskop. Doch seit einiger Zeit mischen sich Helme und Gewehre unter diese Formen. Warum, weiß er nicht.

Etwa zur gleichen Zeit schließt der einundvierzigjährige Andrei Purgin die Tür seines kleinen Baumarktes ab. Bald soll er stellvertretender Ministerpräsident eines Landes werden, das er sich selbst ausgedacht hat.

Dann ist da Pawlo Hubarjew. Er probiert gerade sein Väterchen Frost Kostüm an. Ein schwerer Mantel, weißer Bart bis zum Gürtel, die Mütze mit Pelzbesatz. Dazu Fausthandschuhe und dicke Filzstiefel, Walenki genannt. Seit acht Jahren trinkt Hubarjew nicht mehr und arbeitet nebenbei als Weihnachtsmann. Er besucht Menschen zu Hause und hört zu, wenn die Kinder ihm Gedichte vortragen. Bald wird er Kundgebungen leiten und den Menschen seine eigenen Ideen vortragen.

Die ältere Dame mit dem ergrauten Dutt, die gerade die Straße überquert, heißt Soja Andrijiwna. Sie ist pensionierte Mathematiklehrerin. Ob sie je gedacht hätte, dass sie sich bald vor ihren eigenen Schülern verstecken muss?

Und der Unternehmer Enrique Menendez. Er spielt gerade mit seiner Tochter. Doch die Frontlinien werden sie schnell voneinander trennen.

In Irina Dowgans Kosmetiksalon geschieht an diesem Abend etwas Seltsames. Zum ersten Mal in ihrem Leben streitet sie sich mit einer Kundin. Es geht um die protestierenden Studenten in Kiew. In einer kalten Nacht wurden sie von ukrainischen Milizionären blutig geschlagen. Die Kundin findet, dass ihnen das zu Recht geschah. »Ich nehme Ihnen jetzt die Schönheitsmaske ab, und dann kommen Sie nie wieder her«, antwortet Irina. Von diesem Tag an unterhält sie sich nicht mehr mit ihren Kundinnen. Stattdessen macht sie laute Musik an.

Nur im Donezker Science-Fiction-Literaturzirkel scheinen sich die Teilnehmer auf etwas vorzubereiten. Der Schriftsteller Fjodor Beresin schiebt, wie es seine Art ist, die Brille hoch auf die Stirn und beginnt zu sprechen. Das Thema seines Vortrags lautet: »Die Kriege der Zukunft oder was unsere Zivilisation jetzt erwartet.«

Denn lange bevor der Krieg in den Donbass kommt, haben die Menschen sich den Krieg selbst erdacht.

Der Schriftsteller Fjodor Beresin kam auf die Idee, dass Donezk von türkischen und ukrainischen Streitkräften angegriffen wird. Sein Kollege Georgi Sawizki erdachte sich einen Angriff von Ukrainern und Amerikanern. Gleb Bobrow nahm indessen an, man würde gegen Ukrainer und Polen kämpfen müssen.

Krieg kommt nie von selbst. Vorher gibt es immer jemanden, der von ihm träumt, der Angst vor ihm hat, der ihn in Gedanken führt und von Schlachten fantasiert. Oft taucht der Krieg zuallererst in der Kultur auf, in Büchern und in Songs, die davon erzählen, was zuvor unausgesprochen geblieben war. Die Saat wird gesät. Sie keimt, setzt sich in der Erde fest und breitet sich aus. Erst dann drängen die Sprossen an die Oberfläche.

Der Krieg von Fjodor Beresin fängt mit dem Seufzer eines Panzersoldaten an. Sein Roman *Die Ukrainische Front. Rote Sterne über dem Majdan* erschien im Jahr 2009. Der Krieg von Gleb Bobrow beginnt mit nächtlichem Regen. Sein Buch *Ukraine im Krieg. Die Zeit der Totgeborenen* veröffentlichte er im Jahr 2007. Der Roman von Georgi Sawizki, *Schlachtfeld Ukraine. Die zerbrochene Trysub*, aus dem Jahr 2009, fängt mit dem Marsch amerikanischer Truppen durch die ausgedorrte ukrainische Steppe an.

»Mein Roman«, Beresin klopft auf den orangefarbenen Umschlag seines *Die Ukrainische Front*, »ist in der Ukraine verboten worden. In die Buchläden von Donezk drangen ukrainische Sicherheitsleute ein und verlangten, den Roman aus den Regalen zu nehmen. Auf Festivals für Science-Fiction-Literatur findet man alle meine anderen Bücher, *Die Mondvariante* und die Reihe *Die roten Sterne*, nur dieses eine nicht. Der Verleger behauptet, er habe Angst bekommen. Ich will doch niemanden angreifen. Den Roman habe ich nur geschrieben, um zu zeigen, dass wir uns im Osten ziemlich von denen im Westen unterscheiden. Es könnte alles passieren. Zum Beispiel ein Bürgerkrieg. Den halte ich für sehr wahrscheinlich. Wie ich das Buch geschrieben habe? Ich habe meinen Finger über die Landkarte bewegt und viel nachgedacht. Wer könnte Appetit auf den

Donbass bekommen? Ich kenne mich mit Kriegen gut aus. Bis 1991 war ich Berufssoldat, ich habe es sogar bis zum Kapitän geschafft«, erzählt er.

Beresin diente in den sowjetischen Raketentruppen in Kasachstan und im Fernen Osten. Als er dies aufgegeben hatte, Reservist wurde und nach Donezk zurückkehrte, brach gerade die UdSSR zusammen. Die Familie verarmte. Er musste in einer Mine arbeiten, trieb Handel, und als er sich einen Rechner und einen Drucker leisten konnte, fing er an, Romane zu schreiben. Er nahm sich vor, nur solche Bücher zu schreiben, die die Menschen auch lesen wollten.

Über den zukünftigen Krieg im Donbass wollten die Menschen lesen.

»Mir gingen verschiedene Szenarien durch den Kopf«, erzählt Gleb Bobrow aus Lugansk, und zupft dabei an seinem vollen, schwarzen Bart. »Wie könnte der Krieg aussehen? Was würde mit den russischsprachigen Bewohnern des Ostens passieren? Als ich alles durchdacht hatte, fing ich an zu schreiben. Ich weiß, wie man über den Krieg schreibt. 1982 kam ich als Wehrdienstleistender nach Afghanistan. Ich war in der Provinz Badachschan stationiert und war Scharfschütze.«

Für seinen Mut wurde Bobrow mit einer Medaille ausgezeichnet. Er bereute nie, dass er nach Afghanistan gegangen war, und er bereute auch nichts von dem, was er dort getan hatte. Nach dem Militärdienst arbeitete er als Schullehrer für Wehrunterricht, er malte auch Bilder für den Zirkus in Lugansk. Doch er musste sich eingestehen, dass er dafür nicht gemacht war. Er beschloss, Schriftsteller zu werden. Zuerst schrieb er Sachbücher, in denen er ukrainische Nationaldichter kritisierte. Er warf ihnen vor, sie würden die Ukrainer mit dem Virus des

Nationalismus anstecken. Dann machte er sich an Erzählungen und Romane. *Die Zeit der Totgeborenen* erfreut sich bislang sechs Neuauflagen.

»Das Buch hat mich viel Zeit und Mühe gekostet. Ich fing schon 2005 an, erlitt aber einen Herzinfarkt. Wie durch ein Wunder habe ich überlebt. Keiner wollte meinen Roman herausbringen. Erst als ich ihn online stellte, habe ich ein Angebot bekommen. Ich war der Erste, der sich den Krieg im Donbass ausgedacht hat, lange vor Beresin und Sawizki.«

»Ich habe den Beschuss der Städte genauer beschrieben als Bobrow und Beresin«, plustert sich Georgi Sawizki auf, der Jüngste der drei. Als Einziger von ihnen ist er nicht beim Militär gewesen. Sawizki studierte in Donezk an der Fakultät für Biologie. Um sich über Wasser zu halten, arbeitete er als Gärtner und züchtete Pilze. In seiner Freizeit tauchte er in die Welt der Flugzeuge und Luftkämpfe ein.

Georgi Sawizki ist ein Künstlername. Der Autor schrieb unter diesem Namen achtzehn Bücher, darunter *Das Schlachtfeld Sewastopol* über den Abwehrkrieg gegen die Amerikaner auf der Krim, *Die atomare Revanche: Steh auf, du großes Land*, wo die Amerikaner zwar den Roten Platz besetzen, doch hinter dem Ural die Russen bereits Kräfte für einen Gegenschlag sammeln, *Der Impakt des Atoms: Ich sterbe, doch ich ergebe mich nicht* über den Zusammenbruch der US-Wirtschaft, die letztendlich nur ein Krieg retten kann, und schon marschiert die NATO in Russland ein. Und natürlich *Schlachtfeld Ukraine. Die zerbrochene Trysub*, in dem er von einem fiktionalen Bürgerkrieg berichtet.

Die Kriege sind mit Liebe zum Detail beschrieben.

Der Krieg von Beresin beginnt am Flughafen von Donezk. Er bricht aus, als die Ukraine beschließt, NATO-Mitglied zu werden.

Im Osten der Ukraine werden die Menschen wütend. Auf den Straßen von Donezk demonstrieren Zehntausende, auf dem Leninplatz stellen Protestierende Zelte auf. In Sachen NATO verlangt der Donbass ein Referendum. Derweil landen türkische Angriffstruppen auf dem Flughafen. Die türkische Tourismusbranche erleidet gerade eine schwere Krise wegen eines schiffbrüchigen Tankers vor der Küste Antalyas. Nun soll Abhilfe geschaffen werden: Junge Frauen werden aus den Studentenwohnheimen in Donezk entführt und in türkische Laufhäuser verschleppt. Die Türkei greift Donezk in Rücksprache mit Kiew an. Die Regierung ist sogar bereit, einige Gebiete im Osten abzutreten, wenn den Menschen aus der gesamten Region eine Lektion erteilt wird. Die Türken setzen Städte in Brand und die ukrainischen Soldaten schauen zu.

Bei Sawizki sind die Hintergründe des von ihm erdachten Krieges wirtschaftlicher Natur. Eine schwere Krise hat die Ukraine zu einem billigen Reservoir von Bodenschätzen für die US-Amerikaner gemacht:

»Die NATO-Strategen haben die Ukraine missbraucht, um Russland zu erpressen. Russland, das einzige Land, das noch genug Eier hat, um den Hamburger fressenden Möchtegern-Weltherrschern die Stirn zu bieten.«

Erst brechen Straßenkämpfe zwischen Kommunisten und ukrainischen Nationalisten in Poltawa aus. Schaufenster mit russischen Aufschriften werden zerstört, in Läden wird eingebrochen, Autos werden angezündet und Passanten angepöbelt. Junge Piloten, tapfere Jungs aus dem Osten, stellen sich den Nationalisten entgegen. Um der Lage Herr zu werden, bittet der ukrainische Präsident die USA um Hilfe. Die Marines landen im Donbass, sie werden von nationalistisch-ukrainischen Paramilitärs begleitet.

»Sie marschierten in Reih und Glied, übermütig und siegessicher, im Banner der Demokratie und der bürgerlichen Freiheiten. Die Verachtung stand ihnen ins Gesicht geschrieben. Obwohl sie auf dem Majdan der Unabhängigkeit in Kiew mit Brot und Salz empfangen wurden, wusste der Osten, dass nun die Besatzer gekommen waren. Es war nicht der NATO-Beitritt der Ukraine, mit dem die Politiker zuvor immer wieder gedroht hatten. Es war eine Eroberung ...«

Am Himmel fliegen Formationen US-amerikanischer Flugzeuge. Ein Völkermord an der russischsprachigen Bevölkerung beginnt, ganze Städte werden in Schutt und Asche gelegt.

Und die Krim? Bei Bobrow wird sie umkämpft. Bei Beresin machen sich die türkischen Streitkräfte daran, sie zu besetzen, und bei Sawizki löst sich die Halbinsel mit Hilfe der russischen Schwarzmeerflotte von der Ukraine und wird ein Teil von Russland.

»Der langsame Bär setzte sich auf sein haariges Hinterteil und zeigte die Eckzähne. Die schamlose ukrainische Sau rannte brüllend in ihren Stall.«

Die Krimtataren flehen die Russen an, sie mögen sie in ihr Land einbürgern.

Dann kommen die wahren Helden ins Spiel.

Beresin beschreibt, wie die Partisanenverbände des Major Killermann gegen Ukrainer und Türken im Osten kämpfen.

Bei Sawizki übermalt ein Kampfjetpilot namens Oleg die ukrainischen Abzeichen seiner Maschine mit roten Sternen und zerstört ganze Flugzeuggeschwader des Feindes. Dnipro liegt in Schutt und Asche, Poltawa wird vom Feuer verschlungen, aber dort, im Osten »ist die Zeit gekommen, dass Kinder für die Tempel und das Erbe ihrer Väter kämpfen.«

Weiter geht es so:

»Das Land der Bergbauer und Metallarbeiter hat den ›Kämpfern für Demokratie‹ den Weg versperrt. Korrupte westlich orientierte Politiker erklärten sie zu Separatisten und forderten sie auf, die Waffen niederzulegen, um die Einheit des Landes zu bewahren.«

Bei Bobrow gibt es eine Einheit von Diversanten. Sie wird von einem gewissen Derkulow angeführt und zählt einundzwanzig Mann. Sie haben nur fünf Granaten, eine alte Panzerbüchse RPG-7 und kein einziges Maschinengewehr. Die RPG wird von Antoscha bedient, dem Jüngsten in der Truppe, der zuvor nur in Shooter-Spielen geschossen hat.

Der Aufmarsch ukrainischer Truppen, die angeblich für die Einheit des Landes kämpfen, geht mit verbrannten Dörfern einher, mit Straßenkämpfen in den Städten und Wellen von Geflüchteten. Die Frontlinie durchschneidet Kramatorsk und Artjomowsk. Und in den Partisanenlagern wird ein bestimmtes Lied über den Feind gesungen: ›Noch sind die Wichser nicht verloren‹ – in der Melodie der polnischen Nationalhymne. Mit der Zeit ziehen Freiwillige nach, auch aus dem Ausland: aus Serbien und Weißrussland.

»Niemand zwingt sie. Sie sind die Herren über ihr eigenes Schicksal. Und über das Schicksal so mancher anderer. Sie gehen ihren Weg und vertrauen ihren Kommandanten, selbst in größter Dunkelheit, im Schlamm, im Anblick des Todes.«

Und dann kommt Russland ins Spiel.

In den herbeifantasierten Kriegen eilt Russland dem Donbass immer zu Hilfe. Russland liefert Waffen und entsendet Berater auch dann, wenn die Welt mit Sanktionen droht. Freiwilligenverbände ziehen aus Russland nach. Es sind Veteranen und Geflüchtete, schließlich kommen auch reguläre Streitkräfte. Die Bewohner des Donbass streuen ihnen Blumenblüten vor die Füße. Der Krieg breitet sich aus: vom Donbass über die ganze Ukraine ...

Auch wenn die Romane sich durch viele Details voneinander unterscheiden, der Krieg bleibt immer der gleiche.

Und die prorussischen Nationalisten in Donezk lasen gerne Geschichten über den Krieg. Unter ihnen sind Sascha de Krog, CD-Verkäufer und zukünftiger Kommandant zweier Stadtteile in Donezk, und ›Patison‹ Pawel Gubarew, Besitzer einer PR-Agentur und zukünftiger Volksgouverneur der Region Donezk.

Doch all diese Geschichten waren Fiktion, pure Fantasie ...

Schlagzeilen, Hauptausgaben der Tagesschau, Agenturmeldungen: »Besetzung von Regierungsgebäuden ...«, »Wird der Präsident einlenken ...?«, »Schon eine halbe Million Menschen versammelt ...«

Im Dezember 2013 strömen Menschenmassen auf den Majdan, den Unabhängigkeitsplatz in Kiew. Die Demonstranten wenden sich gegen Präsident Viktor Janukowitsch, der die Unterzeichnung des Assoziierungsabkommens mit der Europäischen Union verschoben und das Land auf Russland ausgerichtet hat. Nachdem am 30. November zahlreiche Studenten zusammengeschlagen werden, nimmt die Zahl der demonstrierenden Ukrainer zu. Am 1. Dezember sind bereits achthunderttausend Menschen auf den Straßen. Sie prangern die Korruption an, die das Land wie ein dichtes Netz überzieht, die Arroganz der Machthaber und die Demütigungen, denen sie ausgesetzt sind.

Die Lage spitzt sich zu. Plötzlich verschwinden die Anführer der Proteste, man findet sie zusammengeschlagen oder tot in den verschneiten Wäldern am Rande der Stadt. Innerhalb weniger Wochen umstellt eine Spezialeinheit namens Berkut den Platz. Journalisten aus aller Welt reisen nach Kiew, um die schnell wachsende Zeltstadt auf dem Majdan mit eigenen Augen zu sehen, um den Demonstranten über die Schulter zu schauen, um zu sehen, wie Barrikaden aus Eisblöcken und Pflastersteinen errichtet werden. Sie wollen die Proteste sehen, die von Tag zu Tag größer werden. Aber wir fahren weiter.

Im Waggon vom Typ Platskartny, mit Betten in offenen Abteilen, klirrt das Eis an den Fensterscheiben. Es riecht nach Brathähnchen, nach Schweiß und Bier. Wir fahren durch den Donbass, durch das Kohlebecken, nach Donezk. Neben der Krim ist das die prorussischste Region des Landes. Hier wird Russisch gesprochen und Russisch gedacht. Die Menschen verstehen ihre Mitbürger aus dem Westen nicht, auch nicht die, die in dieser schrecklichen Kälte auf dem Majdan Zelte aufschlagen. Von hier stammt der Präsident, und aus dem Osten kommt auch seine Partei der Regionen, die das Land regiert.

In Kiew demonstrieren Hunderttausende. Auch in Lwiw, Odessa, Dnipro, Poltawa, Bila Zerkwa, Saporischschja, Iwano-Frankiwsk und Trnopil gehen die Ukrainer auf die Straße. In Donezk hingegen herrscht Stille. Auf den schneebedeckten Plätzen der Stadt flanieren Tauben. Berichten denn nicht Medien aus aller Welt über die brutal zusammengeschlagenen Studenten? Die offizielle Zeitung der Donezker Stadtverwaltung, *Municypalnaja Gaseta*, herausgegeben von der Journalistin Jelena Blocha, veröffentlicht auf der Titelseite ein Foto aus der Stadt. Darauf sind Einwohner zu sehen, die Bäume pflanzen. Der Artikel trägt die Überschrift »Unsere Stadt, ein Garten.«

Donezk ist aus Feuer, Kohle und Stahl geboren. Alles begann mit einem Stahlwerk, das durch enge Straßen mit anderen Fabriken und Bergwerken verbunden wurde. Neben den Fabriken bauten die Stahlarbeiter und Bergleute ihre Häuser und so wuchs die Stadt.

Wir fahren vom Zentrum an den Stadtrand, vorbei an Wäldern und Feldern, plötzlich wieder dichte, städtische Bebauung, dann Wiesen, wieder Häuser, und immer noch ist es Donezk, ein Archipel aus Fabriken, Bergwerken und Weilern, achtunddreißig Kilometer lang und fünfundfünfzig breit.

Seit 1869 war Donezk aus Schweiß, Mühsal und Plackerei gewachsen und schwoll an, je mehr Menschen eintrafen. Sie kamen, um auf den Ländereien des walisischen Unternehmers John Hughes zu arbeiten. Ein bärtiger Mann in Weste, die Hand auf Hammer und Amboss gestützt, so blickt er uns von einem Denkmal in Donezk an.

Die Geschichte des Donbass lässt sich anhand der Biografien vierer Männer erzählen. Der erste ist John Hughes.

Hughes behandelte sein Leben wie das Metall, das er produzierte. Er bearbeitete, formte und härtete es so, wie er es für richtig hielt.

Er wurde 1814 in Merthyr Tydfil im Süden von Wales geboren. Mitte des 18. Jahrhunderts wurde dort eine Eisenhütte gegründet, die, wie später in Donezk, das Dorf schnell in eine geschäftige Stadt verwandelte. Zeitweise war Merthyr Tydfil sogar das größte Eisenwerk der Welt.

Das Handwerk erlernte er von seinem Vater, einem Hütteningenieur. Obwohl Hughes kaum alphabetisiert war (er konnte nicht schreiben und kaum lesen), machte er sich durch seinen Erfindungsreichtum einen Namen und häufte schnell ein

Vermögen an. Die Millwall Iron Works Company, deren Direktor er wurde, erhielt von der Regierung des zaristischen Russlands den Auftrag, am Ausbau der Festung Kronstadt mitzuarbeiten. Dort erfuhr Hughes von Plänen zur Entwicklung der Metallindustrie im Donbass und sicherte sich eine Konzession für den Bau einer Schienenfabrik.

Der Vertrag mit dem Russischen Reich verpflichtete Hughes, die Neurussische Aktiengesellschaft zu gründen, Kohle zu fördern und mit der Schienenproduktion zu beginnen. Im Gegenzug stellte ihm die Regierung das Land und seine Ressourcen zur Verfügung. 1870 machte sich Hughes mit acht Schiffen, vier seiner Söhne, hundert Metallurgen, Bergleuten und Spezialisten auf den Weg in den Donbass.

Vom Hafen Taganrog aus wurde das Material mit Ochsen durch die Steppe gezogen. Die Räder blieben im Schlamm stecken, der Winter war ungewöhnlich hart und in der Gegend wurden Choleraepidemien gemeldet. Doch allen Hindernissen zum Trotz konnte nach acht Monaten Arbeit der erste Schmelzofen in Betrieb genommen werden. In Anlehnung an den russischen Klang des Namens ›Hughes‹ begann man, den Ort ›Jusowka‹ zu nennen. Bergwerke wurden gebaut, Schächte und Stollen unter Tage gegraben, und das Gebiet um die Stadt füllte sich nach und nach mit Berghalden, Hügel mit vulkanartig flachen Kuppen, die im Laufe der Jahre von Gras und Unkraut überwuchert wurden. Auf der Strecke zwischen den Bergwerken und der Fabrik fuhren bald die ersten Züge.

Die Bauern aus der Umgebung suchten Arbeit. Sie fuhren auf Flößen, in stinkenden Kutschen, in Karren, die vor Kühe gespannt waren, oder gingen einfach zu Fuß nach Jusowka am Kalmius-Fluss (der Name stammt aus dem Türkischen und bedeutet »zu einem Horn gekrümmtes Haar«, weil sich das Flussbett so stark windet). Um 1870 lebten hier 164 Menschen, 1897 waren es bereits 29.000. Jusowka entwickelte sich planlos und wucherte wie eine unförmige Masse vor sich hin.

Doch Hughes kümmerte sich um seine Stadt in der Steppe, schmiedete Donezk wie Eisen. Er baute eine Feuerwehr und eine Polizei auf, die aus Firmengeldern finanziert wurden. Für die Geschäftsleute, die in Jusowka Stahl und Kohle kauften, baute er ein Hotel, das noch heute in Betrieb ist: das Great Britain. Für die Trinkwasserversorgung ließ er Becken ausheben. Gut sortierte Läden wurden eröffnet, Schenken und Trinkhallen mit deutschem Bier beliefert. Ein Postamt nahm seinen Betrieb auf. Da Arbeitskräfte aus anderen Gouvernements angeworben werden mussten, entstanden Wohnsiedlungen und Arbeiterhotels. Das Krankenhaus erhielt eine chirurgische Abteilung, Medikamente wurden kostenlos vergeben. Die Kinder der Bergleute und Stahlarbeiter konnten eine allgemeine und eine technische Berufsschule besuchen. Die Briten brachten auch den Fußball in die Steppe: Die ersten Amateurvereine wurden gegründet, die Spiele fanden im Schatten der Stahlwerke statt.

Dennoch blieb der Donbass der Wilde Westen Russlands. Die rauen Lebensbedingungen, die harte und gefährliche Arbeit in den Bergwerken schufen einen neuen Menschentypus, der sich von den alten ukrainischen Stadtbewohnern unterschied. Die Neuankömmlinge hatten keine Zeit, Traditionen des städtischen Zusammenlebens zu entwickeln. Jusowka gehörte der Firma Hughes, die Eigentümerin und alleinige Verwalterin der Grundstücke war. Die Gesellschaft verfügte über einen Wohnungsfonds und organisierte alle kommunalen Angelegenheiten, einschließlich der Erteilung von Genehmigungen für

Handel und Gewerbe. Die Bewohner nahmen somit nicht am Leben der Stadt teil. Sie wählten keine Vertreter, sie interessierten sich nicht für den Bau des Wasserwerks. Sie wurden keine Bürger. Aber die Schufterei in den Fabriken und Bergwerken prägte die Gemüter. Das führte dazu, dass Arbeitervereine und revolutionäre Untergrundorganisationen an Bedeutung gewannen.

Hughes erlebte dies nicht mehr. Er starb 1889 auf einer Geschäftsreise in Sankt Petersburg. Seine Söhne erbten ein Hüttenwerk, eine Kokerei, zehn Kohlegruben, eine Eisenbahnlinie, eine Ziegelei sowie Kalk-, Sand- und Tongruben. Sie lebten noch einige Jahre in ihrem Haus, bis sie es 1903 wegen der aufkommenden revolutionären Stimmung verließen. Ein halbes Jahr vor der Oktoberrevolution erhielt Jusowka das Stadtrecht.

Die Revolution verwandelte das Hughes-Haus in eine Taubstummenanstalt und überführte die privaten Bergwerke an den Staat. Aber auch den Bolschewiki fehlten die Arbeiter. Selbst die Feinde des neuen Systems – Weißgardisten, Kulaken, Kapitalisten –, die anderswo vertrieben und verjagt worden waren, fanden hier Arbeit. Die Stadt erhielt den Namen Stalin.[1]

»So wurde sie zu Ehren von Lenin benannt«, erklärt uns der Donezker Historiker Waleri Stiopkin. »Das Zentralkomitee verkündete nämlich, Lenin sei die Lokomotive der Geschichte, und Lokomotiven sind ja aus Stahl. Nun, diese Herkunft des Namens wurde von den obersten Parteigenossen schnell vergessen. Zumal sich der Name damals als sehr unpassend erwies.

---

1 Stalin kommt in diesem Fall von »Stal«, Russisch für Stahl (Anm. des Übersetzers).

Man denke nur an die möglichen Schlagzeilen in der Presse: ›Stalin hat den Plan nicht ausgeführt‹, ›Baupause. Stalin verzögert‹, ›Stalin: blutiger Mord‹. Also wurde der Buchstabe ›o‹ an ›Stalin‹ angehängt und die Stadt hieß fortan Stalino.«

Der Donbass sollte ein Schaufenster der sowjetischen Industrie werden, und die Machthaber wollten mit der Arbeiterklasse assoziiert werden, weshalb die Städte nach Ministern und Generälen benannt wurden. In den jungen Diktaturen waren die Posten von Ministern und Generälen jedoch unsicher, sodass die sowjetischen Städte oft umbenannt wurden, wenn diejenigen, die in Ungnade gefallen waren, in Lager geschickt oder zum Tode verurteilt wurden. Bachmut wurde in Artjomowsk umbenannt (zu Ehren des Revolutionärs Artjom, 1924), Jenakijewe in Rykow (zu Ehren von Rykow, 1928), dann in Ordschonikidse (weil Rykow 1936 zum Volksfeind erklärt wurde). Mariupol wurde in Schdanow umbenannt (1948, zu Ehren von Stalins verstorbenem Mitarbeiter Andrei Schdanow). Die mit Kliment Woroschilow verbundenen Namen verschwanden: Aus Woroschilowgrad wurde Lugansk und aus Woroschilowsk (bis 1931 Altschewsk) wurde Komunarsk (1961).

Und nach Stalins Tod wurde Stalino in Donezk umbenannt.

Doch schon vorher war der Donbass die bedeutendste Schwerindustrieregion der UdSSR und ihre wichtigste Energiedrehscheibe. Seine Bewohner, Bergleute und Metallurgen, sollten die Helden der neuen Welt werden. Stalin verkündete, die Sowjetunion müsse die Kluft zu den Industriestaaten mit einem Sprung überbrücken. Es bedürfe der gemeinsamen Anstrengung aller.

Der zweite Fünfjahresplan wurde eingeleitet. Und die Arbeitsnormen waren in der Tat heroisch. Wenn der Plan nicht erfüllt wurde, gab es einfach keinen Lohn. Hier kommt der Bergmann Alexei Stachanow ins Spiel. Er ist der zweite der Männer, deren Leben uns helfen wird, den Donbass zu verstehen.

Wir finden ihn etwa drei Stunden von Donezk entfernt, im Bergwerk Zentralnaja-Irmino. Damals war dies eine der am wenigsten ertragreichen Minen in der Region, und der Betriebsleitung drohte die Verbannung. Auf der Suche nach einem Ausweg kam der Vorsitzende des Betriebskomitees der Partei auf die Idee, den bisherigen Förderungsrekord zu brechen. Doch es fanden sich kaum Interessenten. Ein neuer Rekord bedeutete neue, hohe Anforderungen. Nur Stachanow meldete sich.

Stachanow stammte aus dem Dorf Lugowaja im Kreis Orlowskaja. Dort hütete er das Vieh und kümmerte sich um die Gärten. Er kam zum Bergwerk in der Hoffnung, genug Geld zu verdienen, um sich seinen Traum zu erfüllen: ein Schimmelpferd zu kaufen. Zunächst sicherte er den Streb und arbeitete als Huntstößer, doch bald lernte er, mit dem Presslufthammer umzugehen. Für den Rekord versprach man ihm eine Stute, Stiefel und einen Urlaub am Schwarzen Meer.

In einer Augustnacht im Jahre 1935 förderte er in 5 Stunden und 45 Minuten 102 Tonnen Kohle und übertraf damit die Norm um 1475 Prozent. Er selbst baute nur ab, andere luden für ihn, leuchteten aus und sicherten die Grubenwände.

Die Nachricht über den Landesrekord wurde in der Zeitung *Prawda*[2] veröffentlicht. Grigori Ordschonikidse, der Volks-

2 Prawda heißt auf Russisch Wahrheit (Anm. des Übersetzers).

kommissar für Schwerindustrie, wurde auf die Notiz aufmerksam und Alexei Stachanow nach Moskau beordert.

(Eigentlich hieß er Andrei. Auf dem Telegramm an die *Prawda* stand jedoch »A. Stachanow«, und die Journalisten deuteten den Anfangsbuchstaben falsch. Stalin erklärte: »Die *Prawda* kann sich nicht irren.« Und so wurde ein neuer Pass mit geändertem Namen ausgestellt).

Auf dem Kongress der Helden der Arbeit hielt Stachanow eine von der Propagandakommission des Zentralkomitees vorbereitete Rede. Nach ihm trat Stalin ans Rednerpult: »Genossen, das Leben ist besser geworden, das Leben ist fröhlicher geworden.«

Damit war die Stachanow-Bewegung geboren, und die Begeisterung erfasste das ganze Land. Alexei reiste durch die gesamte Sowjetunion, traf sich mit Arbeitern und spornte sie an. In den Stahlwerken, Bergwerken und Fabriken wurden immer neue Rekorde gebrochen. Sogar NKWD-Offiziere verhafteten so viele Menschen wie noch nie zuvor. Die Zeitschrift *Stachanowez* wurde gegründet, der örtliche Fußballverein in Stachanowez Donezk umbenannt. Im Dezember erschien Alexei auf der Titelseite des *Time Magazine*.

Dennoch, der Aufschwung stockte. Je mehr Rekorde aufgestellt wurden, desto höher wurden die Standards. Die immer ehrgeizigeren Pläne führten dazu, dass die Fabriken mit der Produktion nicht Schritt halten konnten und bei der Berichterstattung schummelten. Die Produktqualität sank, Maschinen verschlissen, die Arbeitsbedingungen verschlechterten sich.

Stachanow lebte derweil in Moskau im luxuriösesten Gebäude der Stadt, dem sogenannten Haus am Kai. Er wurde mit dem Leninorden ausgezeichnet und ließ sich scheiden:

Seine Frau vertrat Ansichten, die nicht mit der Parteilinie vereinbar waren. In der Hauptstadt freundete er sich mit Stalins Sohn Wassili an. Sie verbrachten ihre Tage im Hotel Metropol, wo sie sich betranken oder versuchten, Fische im hoteleigenen Aquarium zu fangen. Als Alexei einmal seine Jacke mit dem Leninorden darauf verlor, bekam er vom Diktator zu hören: »Wenn Sie den berühmten Namen Stachanow entehren, wird er Ihnen aberkannt.« Alexei war zum Eigentum der sowjetischen Propaganda geworden. Wie der ganze Donbass.

Der Zweite Weltkrieg, in der UdSSR Großer Vaterländischer Krieg genannt, hinterließ im Donbass rauchende Ruinen und eine bis heute lebendige Erinnerung an die Besatzer. Stachanow versuchte, sich als Freiwilliger an die Front zu melden. Er wurde jedoch abgelehnt. Das Imperium brauchte das Symbol. Im Volkskommissariat für Kohleindustrie wurde er zum Direktor der Abteilung für sozialistischen Arbeitswettbewerb ernannt, die eigens für ihn eingerichtet wurde.

Nach den Zerstörungen des Krieges baute die Bevölkerung Donezk wieder auf, und Hunderttausende kamen zur Zwangsarbeit: Heimkehrer, Kriegsgefangene und Häftlinge. »Der Donbass ist unsere neue Heimat geworden. Uns zieht es in die Minen genauso wie auf die Felder der Kolchosen. Und viele von uns haben beschlossen, nicht nur für einen Monat, sondern für immer im Donbass zu bleiben«, schrieb die *Prawda*.

Doch die Wahrheit war düster. Es fehlte an Lebensmitteln, die Wohnblocks waren überfüllt, Krankheitserreger schwirrten durch die Luft, die Kriminalität nahm zu:

»Ich schreibe dir diesen Brief, während ich eine rohe Rübe esse. So ernähren sie uns, liebe Mutter. Es gibt nicht einmal genug Rüben. Um ein Stück Rote Bete wird gekämpft. Liebe

Mutter, ich wünsche meinem ärgsten Feind nicht, hier zu sein und diesen Hunger zu ertragen.«

»Es widert mich an, ein Maulwurf unter Tage zu sein und für umsonst zu arbeiten. Die Bergleute an der vordersten Arbeitsfront sind vor Hunger ganz aufgedunsen. Sie haben keine Kraft mehr zu arbeiten. Das ist Mord.«

»Ich arbeite in einem Bergwerk in der Stadt Stalino. Wir leben angeblich in Freiheit, aber diese Freiheit ist schlimmer als Sklaverei. Vor meinen Augen haben viele Kameraden ihre Seelen Gott anvertraut. Ein schrecklicher Anblick. Viele Gefährten sind geflohen, viele andere stehen wegen Diebstahls vor Gericht. Auch ich habe kein Gewissen mehr. Ich kann anderen das Brot aus der Hand reißen und brauche sonst nichts mehr im Leben (...). Oh, in was für Zeiten wir leben, ich hasse alle, und alle haben auch Angst vor mir.«

Dies sind einige Auszüge aus Briefen von Arbeitern, die von der Zensur beschlagnahmt wurden.

In Donezk vermischten sich Menschen aus der ganzen Welt wie in einem internationalen Kessel, in einer großen ethnischen Suppe. Und das sieht man auch heute noch.

Der Besitzer des kleinen Baumarktes, Andrei Purgin, trägt einen Lenin-Bart und hat acht Nationalitäten in seiner Familie.

Professor Baryschnikows Großvater väterlicherseits, Lawrenti, stammte aus Wjatka in Russland, seine Großmutter (geborene Olejnik) aus Bila Zerkwa bei Kiew.

Der Großvater des Unternehmers Enrique Menendez war ein Spanier, der sich nach dem Zweiten Weltkrieg im Donbass niederließ. Juden, Polen und Griechen lebten dort.

Sascha de Krog hat einen russischen Großvater und eine kosakische Großmutter.

»Die Tataren sind unser aller Vorfahren«, pflegt er zu sagen. »Und noch weiter zurück stammen wir aus dem Schoß von Byzanz.«

Auf dem Basar, wo er CDs verkauft, ist sein bester Freund ein Armenier und sein größter Konkurrent ein Tatar. Aber an ihren Geburtstagen trinken sie alle manchmal gemeinsam Wodka. Ein Tatar mit einem russischen Nationalisten, wohlgemerkt ...

»Wir gehören keiner Nationalität an. Wir sind von hier«, sagen sie.

Unter Hughes war es den Menschen im Donbass nicht gelungen, echte Bürger zu werden. Die Sowjetunion absorbierte die Reste nationaler Mythen, Fabeln und Religionen und ersetzte sie durch einen Industriekult und die Vorstellung vom Staat als strengem Vater, der vor Ohnmacht und Korruption schützt. Das Individuum löste sich in einer Masse auf, die dem Willen des Zentrums unterworfen war. So entstand die Identität des Donbass.

Nach Stalins Tod verbesserten sich die Arbeitsbedingungen der Bewohner allmählich, eine Stabilisierung zeichnete sich ab. Die Schlangen der Wohnungssuchenden rückten zügig vor, Arbeit gab es im Überfluss. Und Donezk sollte die Stadt der Millionen Rosen werden. Der Vorsitzende der Gebietsverwaltung zwang die Bergwerksdirektoren, die aus Georgien und den Niederlanden importierten Rosen zu bezahlen. Er wollte die Stadt der Fabriken und Abraumhalden begrünen. Und Menschen aus dem Donbass bekleideten hohe Staatsämter. Wie im Fall von Alexei Stachanow war dies oft eine Belohnung für Loyalität und die Einbindung in die staatliche Propaganda.

1956 hielt Nikita Chruschtschow, in seiner Jugend ebenfalls Bergmann im Donbass, eine Rede über den Kult des

Individuums. Stachanow, ein Symbol der stalinistischen Ära, sollte von seinem Posten im Ministerium in den Donbass nach Tschistjakowe zurückkehren, wo er einen bescheidenen Bürojob und ein Zimmer in einem Arbeiterhotel erhielt. Die Stachanowze verschwanden aus den Nachrichten. Der Fußballverein Stachanowez Donezk wurde in Schachtar umbenannt.

Nach dem Umzug griff Stachanow häufiger zur Flasche. Einmal wurde er bis zur Bewusstlosigkeit betrunken auf der Straße gefunden. Die Bergleute nannten ihn fortan ›Stakanow‹, vom Wort ›stakan‹ (Glas).

Inzwischen waren im fernen Sibirien Gas- und Ölvorkommen entdeckt worden. Die Bewohner des Donezker Kohlebeckens waren für die UdSSR nicht mehr so wichtig. Der Donbass wurde langsam zu einer abgelegenen sowjetischen Provinz. Auch Stachanows Zeit neigte sich dem Ende zu. Leonid Breschnew holte ihn nochmals aus der Vergessenheit zurück. Er wies ihm ein Haus in der Nähe von Donezk zu und verlieh ihm den ›Goldenen Stern der Helden der sozialistischen Arbeit‹.

Noch eine Weile tourte Stachanow durch die Betriebe und sprach wieder davon, Rekorde zu brechen. Als er einen Schlaganfall erlitt, wurde er in ein Heim für neurologisch Kranke in Donezk gebracht. Er bekam ein Einzelzimmer, aber er klammerte sich an Menschen. Er verlieh den Kranken Auszeichnungen, die es gar nicht gab, hielt ihnen Vorträge und lobte sie bei imaginären Empfängen. Er starb 1977.

Man erzählt sich, dass er auf einer Apfelschale oder in einer Teepfütze ausrutschte, mit dem Kopf auf dem Boden schlug und nie wieder zu sich kam. Ihm zu Ehren wurde die Stadt Kadijiwka im Donbass in Stachanow umbenannt. In den folgenden Jahren verfiel Donezk wie das ganze Land.

Nur einen Kilometer voneinander entfernt stehen die Denkmäler des russischen Revolutionärs Wladimir Lenin und des ukrainischen Nationaldichters Taras Schewtschenko. Die beiden Orte sind wie zwei Magnetpole der Stadt. Sie ziehen die von Ideen elektrisierten Köpfe an. Wir gleiten durch die vereisten Straßen von Donezk, von Denkmal zu Denkmal, und hören zu, was die Menschen zu sagen haben.

Unter Schewtschenko, den die Einwohner der Stadt Nelson nennen, weil die Tauben, aus welchem Grund auch immer, Gefallen an einem seiner Augen gefunden haben, versammeln sich die Unterstützer der Proteste in Kiew. Und unter Lenin die Gegner. Unter beiden kauern nicht mehr als ein paar Dutzend Menschen in der Kälte.

Wir fragen uns: Warum kommt sonst niemand?

Unter Schewtschenko hören wir: »Weil Donezk Angst hat. Selbst wenn man den Präsidenten nicht mag, und man mag ihn nun mal nicht, glaubt mir, protestiert man nicht, sondern wartet, bis sich die Lage ändert. Denn genau das hat man in Donezk schon immer getan: warten.«

Die Menschen halten ein Transparent hoch: »Donezk, warum schweigst du?«, und Nadeschda seufzt, sie fühle sich ihr Leben lang ständig bedroht.

»Benimm dich anständig, sonst fliegst du aus den Pionieren. Schreib nicht an deine amerikanische Freundin, sonst halten sie dich für eine Verräterin. Und liebe keinen Deutschen, auch wenn er noch so hübsch ist, denn er ist Deutscher und das gibt Ärger. Solche Sachen haben sie mir gesagt. Ich bin jetzt alt, ich höre nicht mehr auf diese Panikmache. Wenn in Donezk niemand protestiert, werde ich es tun!«

Unter Lenin heißt es, es gehe nicht um Angst, sondern um Arbeit. »In Donezk wird jetzt gearbeitet und nicht in Zelten gefaulenzt. Wer hat dafür Zeit?« Und es gehe um die Bergbaukultur: »Wer unter Tage arbeitet, geht immer ein Risiko ein. Wer weiß, ob nicht am nächsten Tag das Methan explodiert?«

Am Schewtschenko-Denkmal schlagen die Demonstranten zwei Zelte auf. Sie halten nur zwei Nächte durch, denn starker Frost ist über die Stadt hereingebrochen. Am Abend fährt von hier ein Bus ab, der Pullover, Knödel, Medikamente und Geld zu den Demonstranten auf den Majdan bringt. Auch eine Fahne der Europäischen Union weht. Als sie vom Wind weggeweht wird, hilft ein Polizist, sie wieder einzufangen, und bekommt zum Dank eine Wurst in die Hand gedrückt.

Beim Denkmal Schewtschenkos versammeln sich die meisten Menschen sonntags nach dem Gottesdienst. In der Millionenstadt Donezk kommen dabei höchstens 150 Menschen zusammen.

Prorussische und antiwestliche Organisationen, ›Donbass Ruthenia‹ und ›Russischer Block‹, sowie die Separatisten der ›Donezker Republik‹, einer Organisation des Bauunternehmers Andrei Purgin, demonstrieren in der Nähe des Lenin-Platzes. Sie schwenken schwarz-blau-rote Fahnen mit einem doppelköpfigen Adler und schimpfen:

»Wissen die dort, dass jeder, der sich gegen die russische Seele und Sprache ausspricht, den Tod auf sich zieht?«

»Sie wärmen sich an den Koksöfen und waschen sich nicht. Sogar die Frauen, wisst ihr? Eine ist an Tuberkulose gestorben. Wie viele da wohl infiziert herumlaufen?«, fragt Sascha de Krog laut. »Und die schlafen bis neun Uhr! Man bringt ihnen Blinis, Sahne, Tee in Thermoskannen, und sie schlafen. Einhellig wie die Heuschrecken: Protest, Protest, Protest.«

Zum Schewtschenko-Denkmal kommt auch der Maler Sacharow. Obwohl er den Ukrainischunterricht sein Leben lang gehasst hat: »Ukrainisch spricht man hier nur auf dem Land!« Jetzt glaubt er, dass man für eine bessere Zukunft auch mal in der Kälte stehen kann. Mit dabei sind auch die Kosmetikerin Irina Dowgan (»Genug von diesem Sumpf der Korruption«), der Pfingstpastor Serhiy Kosiak (»Gutes wird gebraucht, meine Lieben«) und die Mathematikerin Soja Andrijiwna (»Für eine Ukraine, die ukrainisch ist«).

Am Lenin-Denkmal demonstrieren unter anderem der Bauunternehmer Andrei Purgin (»Wir wollen selbst entscheiden«), Sascha de Krog (»Wir wollen auf unsere Art leben, mit der russischen Tradition«), Pawel Gubarew (»und endlich Stolz empfinden«) und Professor Sergei Baryschnikow (»Wenn ich Hauptstadt sage, meine ich Moskau«).

Wir gehen von Denkmal zu Denkmal und streiten ein wenig: Er in Polen geboren, sie in der UdSSR und in Kasachstan aufgewachsen; er aus einem Land, das von russischer Gier geplagt wird, sie aus einem Land, in dem die russische Minderheit nach dem Zusammenbruch der UdSSR den Ansturm des kasachischen Nationalismus und den Zwang zur Kasachisierung erfährt. Wer hat Recht? Der Abstand zwischen den Denkmälern ist aber zu groß und wir können uns nicht einigen.

Und der Schnee, der am Morgen gefallen ist, ist jetzt schwarz.

Aus dem Fenster des regionalen Verwaltungsgebäudes blickt der stellvertretende Bürgermeister und Vizevorsitzende der Partei der Regionen in Donezk, Sergei Bogatschow, auf die

Euromajdan-Anhänger. Das Verwaltungsgebäude liegt an der Kreuzung der Straße des ukrainischen Dichters Taras Schewtschenko mit dem Boulevard des russischen Dichters Alexander Puschkin. Seit der Perestroika gibt es hier immer wieder Demonstrationen, bei denen Bergarbeiter mit ihren Helmen auf den Asphalt schlagen und Nationalisten Puppen verbrennen.

»Tja, und jetzt schon wieder«, seufzt Bogatschow und ärgert sich, dass ihn jemand stört und den Moment verdirbt, in dem er eine ganz andere Intrige hätte schildern können. Denn Bogatschow ist nicht nur Politiker, er schreibt auch Krimis.

»Er hat schon *Übergang*, *Streit* und *Trumpf mit Assen* veröffentlicht«, verrät Jelena Blocha, die pummelige Journalistin der Donezker *Municypalnaja Gaseta*.

Protagonist aller Romane ist Iwan Tscherepanow, ein Journalist und Politiker aus der fiktiven Stadt Lugan in der Ostukraine.

In *Übergang* wird Tscherepanow, Direktor des einzigen Fernsehsenders der Stadt und Mitglied des Stadtrats, in einen Betrug bei der Privatisierung einer Autowerkstatt verwickelt und muss sich selbst verteidigen.

In *Trumpf mit Assen* wird Tscherepanow gebeten, die Imagekampagne eines der Kandidaten für das Amt des Bürgermeisters von Lugan zu leiten, eines Mannes, »der nicht ohne Sünde ist, aber wir wissen, dass es in der Politik keine Heiligen gibt«. Die Handlung erzählt die Geschichte der Korruption rund um eine Wahl. »Man kann Bestechung sagen oder man sagt Honorar. Das klingt anders und wird anders wahrgenommen«, erklärt eine der Figuren.

In *Übergang* wird der junge Tscherepanow, der gerade die Bergbauschule abgeschlossen hat, zum Militär eingezogen. Der

Anlass ist ein Notfall, die Reaktorexplosion in Tschernobyl. Während seines Dienstes entdeckt Tscherepanow, dass Teile des zerstörten Reaktors gestohlen und verkauft werden. Er wundert sich, dass die Männer, die eigentlich die Folgen des Unfalls beheben sollten, keine Angst vor einer Verseuchung haben.

»Sie haben Angst«, erwidert ein Kommandant. »Aber größer als die Angst ist der Wunsch, Geld zu verdienen.«

Blitzlichtgewitter. Jelena Blocha fotografiert uns für ihren Artikel in der *Municypalnaja Gaseta* (»Ausländische Journalisten besuchen Donezk, die Heimat des Präsidenten. Sergei Bogatschow war gerne bereit, die Situation im Land zu erläutern«).

Bogatschow arbeitet gerade an einem Buch über Bohdan Chmelnyzkyj und den Zusammenbruch seines Staates, der durch den Neid beider Seiten verursacht wurde. Aber die Demonstrationen lenken ihn von seiner Arbeit ab.

»Verstehen Sie, was die wollen?«, fragen wir ihn. »Man spricht von Korruption, von der Herrschaft der Donezker Clans, von ...«

»Was ist daran seltsam, dass der reichste Ukrainer aus Donezk ist, der Präsident aus Donezk, der Ministerpräsident aus Donezk und auch der Ratsvorsitzende?«, antwortet er. »Es ist eine normale und auf der ganzen Welt bekannte Sache, dass verschiedene Unternehmen für sich werben, Lobbyarbeit betreiben und zusammenhalten.«

Nach einer Weile geht er zur Garderobe, um sein neuestes Buch zu holen. Auf dem Cover räkelt sich eine Frau in einer Tarnjacke, außerdem sind Dollars und ein blutiger Kugelschreiber zu sehen, der Titel lautet *Der Gasvertrag*.

In dem Krimi geht es wieder um manipulierte Wahlen, Bestechungsgelder für das Schreiben vorteilhafter Artikel, eine Verschwörung von Oligarchen und den Diebstahl von Gas aus einer Pipeline, die von Russland durch die Ukraine in den Westen führt. Diesmal findet Tscherepanow heraus, dass die Unternehmen, die den Bürgermeisterkandidaten unterstützen, durch seinen Sieg die Kontrolle über das Gas übernehmen wollen.

»Warum schreibst du überhaupt diese Krimis?«, fragen wir resigniert.

»Ich habe gemerkt, dass ich in der Literatur mehr Wahrheit vermitteln kann als auf einer politischen Kundgebung.«

Wir gehen hinaus in die Nacht. Ein starker Wind kommt auf und peitscht durch die Straßen, aber die Luft ist dick und staubig, als hätte jemand Teppiche geklopft.

»In Kiew haben sich Demonstranten versammelt …!«, »Berkut greift an …!«, »Sie fordern den Rücktritt …!«

In der Donezker *Municypalnaja Gaseta* kann man über die Weihnachtsbeleuchtung und neue Exponate im Eisenbahnmuseum lesen. Auf der Titelseite ein Foto von einer Donezker Demonstration zur Unterstützung des Präsidenten. Frauen mit Mohair-Baretten und Männer in übergroßen Mänteln schwenken Fahnen der Regierungspartei und Plakate: »Bergleute aus dem Donbass unterstützen den Präsidenten.«

»Streik können wir uns hier nicht leisten. Und Proteste führen immer zu Streik«, sagt Jewgeni Bondarenko, der zweiundzwanzig Jahre lang Bergarbeiter war und heute Gewerkschafter ist.

Über seinem Stuhl hängt die Fahne der Gewerkschaft, am Schrank ein riesiges Porträt von Wladimir Lenin und auf dem

Tisch klebt ein Aufkleber der polnischen Bergarbeitergewerkschaft. Bondarenko sagt, er habe sich unter den Polen wohl gefühlt.

Jetzt sitzt er in seinem Büro und erklärt uns die Lage der ukrainischen Wirtschaft:

»Die Bergleute unterstützen den Präsidenten, weil sie verstehen, dass wir mit Russland wie ein Kalb mit zwei Köpfen verbunden sind. Und Europa wird die unrentablen Bergwerke schließen. Viele unserer Minen leben von staatlichen Subventionen. Die Kohle liegt in dünnen Schichten, einen halben Meter am Stück, und wir müssen immer tiefer graben und immer schlechtere Bedingungen aushalten. Wer soll diese minderwertigen Produkte kaufen, wenn nicht Russland? Wer soll russische Autos kaufen, wenn nicht wir? Und wenn einige Bergleute unbedingt nach Europa wollen, dann sollen sie gerne gehen«, sagt er. Dass sie sich die Reise dorthin nicht leisten können, erwähnt er nicht.

Kaum jemand erinnert sich heute noch daran, dass es die Bergarbeiter im Donbass waren, die mit ihren Protesten den Anstoß zur Unabhängigkeit der Ukraine gaben. Neunzig Prozent der Bevölkerung der ukrainischen Republik stimmten damals für die Unabhängigkeit. Zu den zehn Prozent, die dagegen waren, gehörte der Geopolitikprofessor Baryschnikow, was seine Frau und seinen Schwiegervater sehr verärgerte.

»Heute würde ich sie noch genauso verärgern«, sagt er gehässig.

Der Besitzer der Baufirma, Andrei Purgin, lebte damals in einem Wohnheim und hatte gerade seine zukünftige Frau kennengelernt. Er wollte nicht ukrainischer Staatsbürger werden und dachte auch nicht daran, einen neuen Pass zu beantragen.

Aber da war die Sache mit dem Zucker. Im Studentenladen gab es Zucker auf Lebensmittelkarten gegen Vorlage des Passes. Der spätere Vizepremier der Separatistenrepublik verfluchte den Tag, an dem er im Laden ein Kilo kaufte und die Verkäuferin ›Ukraine‹ in seinen Pass stempelte.

Mit dem Zusammenbruch der UdSSR brachen Ernüchterung, Unsicherheit und Armut über die Bevölkerung herein. Das Bergwerk Zentralnaja-Irmino, in dem Stachanow seinen Rekord aufgestellt hatte, wurde wie viele andere im Donbass geschlossen. Auch die Stadt Stachanow entsprach nicht mehr den Produktivitätsstandards. Die Straßenbahnlinie wurde als Sparmaßnahme abgebaut, mitten durch die Stadt zog sich eine tiefe Furche.

»Früher, früher! War früher wirklich alles besser?«, fragt die Kosmetikerin Irina. »Haben wir vergessen, wie schlimm es war? Wir träumten von Milch in Vakuum-Gläsern und einem Stück Fleisch. Früher bin ich nach Donezk gefahren, um Milch zu kaufen, und noch heute verbinde ich manche Straßen der Stadt mit Milch oder gefrorenem Fisch. Einmal gelang es mir, Seelachs zu kaufen. In einem überfüllten Bus trug ich das gefrorene Stück an der Brust und bekam eine Lungenentzündung. Meine Mutter war Bibliotheksdirektorin, mein Vater Ingenieur. Eines Tages fiel eine Metallplatte auf sein Bein und zerschmetterte die Knochen; er wurde zum Krüppel. Eine intellektuelle Familie, doch arm wie Kirchenmäuse. Eines Tages gelang es meinem Vater, ein wissenschaftliches Buch zu veröffentlichen. Er bekam ein kleines Honorar, für uns eine riesige Summe, die er auf ein Sparbuch legte. Ein halbes Jahr später brach die UdSSR zusammen und das ganze Geld war weg.«

»Damals war alles besser!«, Pawel Gubarew, Inhaber der Werbeagentur Patison, ist anderer Meinung als Irina.

Sein Vater arbeitete zu Sowjetzeiten bei Asot, dem führenden Unternehmen in einer der kleineren Städte im Donbass. Dort wurden Stickstoffdünger, Ammoniak, Polymere und Folien hergestellt. Gubarews Vater arbeitete Vollzeit in der Mechanisierungsabteilung, seine Mutter in einer Werkstatt, die Wassersprudler herstellte. Sie konnten sich nicht viel leisten, weil es nicht viel gab, aber sie fühlten sich wohl und sicher. Nach dem Zusammenbruch der UdSSR schlossen die Fabriken. Sein Vater verdiente Geld, indem er Eisenbahnwaggons wusch, seine Mutter arbeitete auf dem Markt und Pawel half auf den Feldern. Zu Hause gab es vor allem Nudeln und Zucker.

Im Leben eines einzigen Tataren, Rinat Achmetow (der dritte von vier Männern, deren Leben mit der Geschichte der Region verwoben ist), spiegelt sich der gesamte Donbass der postsowjetischen Ära wider. Seine Biografie ist voller weißer Flecken, Ungenauigkeiten und Lücken, die mit Legenden gefüllt sind. Er wurde 1966 in Donezk geboren. Seine Mutter Nakia war Verkäuferin, sein Vater Leonid und sein älterer Bruder Igor arbeiteten in einem Bergwerk. Rinat wuchs in den ärmlichen Straßen des Bergbauviertels Kujbyschew auf. Aus dieser Zeit ist wenig über ihn bekannt. Es heißt, er habe nach der Schule auf dem Basar Hütchen gespielt. Er soll ein Wirtschaftsstudium absolviert haben. Er soll auch im örtlichen Gemischtwarenladen Nummer einundvierzig gearbeitet haben.

1995 war er jedenfalls schon Millionär und als Direktor der Dongorbank der jüngste Bankier der Ukraine. Auf die Frage, wie er zu seinen ersten Millionen gekommen sei, antwortet er: »Das waren die Jahre der Schattenwirtschaft.« Und er erklärt, dass er sein Geld mit dem Handel von Kohle und Koks in einer

Firma verdiente, die er zusammen mit Achat Bragin, ebenfalls ein Tatar, leitete. Bragin war damals eine feste Größe im kriminellen Milieu von Donezk. Offiziell hatte er einen Fleischstand auf dem Basar, inoffiziell war er Anführer der Verbrecherbande ›Lux‹, die die Stadt in Angst und Schrecken versetzte. Man nannte ihn den ›Griechen Alik‹.

Als das Imperium in seinen Grundfesten wankte, wusste es das kriminelle Milieu, bevor andere es überhaupt bemerkten. Kriminelle drangen in die bröckelnden Machtstrukturen ein und übernahmen nach und nach die Kontrolle in der Region. Die Politik ließ die Bürger im Stich, der Donbass wurde wieder zum Wilden Westen. Das Machtgefüge der Partei wich Klüngeleien zwischen Geschäftsleuten, Politikern und Kriminellen, und an die Stelle der allmächtigen Parteisekretäre traten einflussreiche Oligarchen, die unvorstellbare Reichtümer anhäuften. Die Gruppe um den ›Griechen Alik‹ war in Glücksspiel und sogenannte Deckungsgeschäfte, also Erpressung und Schutzgelder, verwickelt. Alik übernahm ganze Betriebe und Geschäfte. Er war auch Fußballfan und wurde zum Besitzer des Vereins Schachtar Donezk. Rinat Achmetow war sein Stellvertreter im Verein.

Am 15. Oktober 1995 warteten achttausend Fans im alten Stadion von Donezk auf den Anpfiff des Spiels gegen die Mannschaft der Krim. Als der ›Grieche Alik‹ in der Loge erschien, bebte die Tribüne. Später wurde er anhand einer goldenen Rolex an seinem abgetrennten Unterarm identifiziert.

Rinat Achmetow kam an diesem Tag zu spät zum Spiel. In den folgenden Monaten übernahm er die meisten Geschäfte seines ehemaligen Chefs, darunter auch den Verein Schachtar Donezk. In den folgenden Jahren wurde er Eigentümer einer Kokerei, eines Bergwerks und eines Hüttenwerks. Er übernahm also die Kontrolle über den gesamten Produktionszyklus und wurde unabhängig.

Ende der 1990er Jahre trat er aus dem Schatten. Ab diesem Zeitpunkt wurden alle seine Unternehmen und Betriebe von renommierten Firmen geprüft und sind seither transparent geworden. Heute besitzt System Capital Management, dessen alleiniger Aktionär Rinat Achmetow ist, Kontrollbeteiligungen an mehr als hundert Kapitalgesellschaften, darunter Energieunternehmen, Versicherungsgesellschaften, Medien, Tankstellen, Mobilfunkanbieter, Immobiliengesellschaften, Ladenketten, Bürogebäude und Banken.

Achmetow machte aus Schachtar Donezk einen modernen Verein. Sein Team gewann neun Mal die ukrainische Meisterschaft und als erste ukrainische Mannschaft den UEFA-Pokal. Er gab dreihunderttausend Menschen Arbeit und wurde zu einem der größten Philanthropen der Ukraine. Seine Stiftungen führten Aktionen zur Bekämpfung von Tuberkulose, Adoptionsprogramme für Waisenkinder, Kampagnen zur Unterstützung von Museen, Sterilisations- und Impfprogramme für streunende Hunde durch.

Als Journalisten versuchten, die Quelle seines Reichtums zu ergründen, und Zufälle wie die Verspätung bei jenem Fußballspiel in Erinnerung riefen oder den Fall der Donezker Brauereikneipe (der Besitzer wurde mit Schlagringen verprügelt, mit einem Schraubenzieher erstochen und in den Kopf geschossen, und nach seinem Tod übernahmen Achmetows Firmen die Kneipe, die in Sarmata umbenannt wurde), heuerte er Heerscharen von Anwälten an und begann einen Krieg vor Gericht. Jede Zeitung musste sich bei ihm entschuldigen, die *Neue Zürcher Zeitung*, die *Kyiv Post* und die *Le Figaro*.

So wurde er zum reichsten und einflussreichsten Ukrainer. Er unterstützte Politiker aus dem Donbass wie Präsident Viktor Janukowitsch und die regierende Partei der Regionen. Er wurde selbst Abgeordneter der Partei, auch wenn er später nie im Parlament gesehen wurde. Nachdem Präsident Janukowitsch an die Macht gekommen war, übernahm er unter anderem Ukrtelekom (den ehemaligen staatlichen Telekommunikationsbetreiber) und einen Teil der regionalen Stromversorger.

Die Ukraine wurde zunehmend vom Donezker Clan beherrscht.

»Um in der Ukraine Geschäfte zu machen, vor allem in Donezk, muss man Beziehungen haben«, sagt Bohdan Kurilez, der versucht, durch den Export von Metallurgieprodukten Beziehungen zu knüpfen. Die Discokugel des Nachtclubs, in dem er sich mit uns treffen wollte, zeichnet bunte Lichtflecken auf sein Gesicht. »Wenn ein Präsident aus der Westukraine an der Macht ist, muss man Beziehungen im Westen haben, und wenn er aus dem Osten kommt, muss man Beziehungen im Osten haben. Es ist gut, jemanden zu kennen, der die reichsten Leute kennt. Wenn du das nicht schaffst, musst du eine Abgabe zahlen – eine Art Tribut. Seit dem Zusammenbruch der UdSSR zahlen wir immer irgendeinen Tribut. Aber das System selbst hat sich nach und nach verändert. Zuerst wurde es von der Mafia durchgesetzt, dann kamen die Beamten. Ein Beamter findet immer einen legalen Trick, um einen Antrag abzulehnen oder ein Unternehmen zu schließen. Bestechung ist zu etwas Alltäglichem geworden, wie das Gebet vor dem Essen. Das Gesetz ist so weit wie das Meer, meine Lieben, und diese Leute hatten genau die richtigen Boote«, seufzte Kurilez. Er selbst musste sein Geschäft aufgeben.

Irina Dowgan hatte schon immer von einem Schönheitssalon geträumt. Sie fand ein geeignetes Lokal, renovierte es und bekam dann einen Brief von den Behörden, in dem stand, wie viel sie zahlen müsse. Sie blieb die ganze Nacht auf, dann zuckte sie mit den Schultern und eröffnete ihren Salon illegal.

Rinat Achmetow ist es zu verdanken, dass die Fußball-Europameisterschaft 2012 in die Ukraine kam und Donezk eine der Austragungsstädte wurde. Achmetow baute ein hochmodernes Stadion für fünfzigtausend Zuschauer, und mit seinem Geld wurde auch ein in Glas und Stahl schimmernder Flughafen errichtet.

Doch Glas und Stahl sind nur die eine Seite von Donezk. Hungernde Rentner, geschlossene Bergwerke und Arbeitslose – das ist die andere Seite. Daneben die wenigen Luxusautos der Oligarchen, Boutiquen mit teuren Pelzen und Lebensmittelläden, in denen ein Kilo Bananen ein Viertel einer Durchschnittsrente kostet. Ein stolzer Preis, den man zahlen muss, um nicht selbst mit einem Korb durch den Supermarkt laufen zu müssen: Eine Verkäuferin trägt ihn hinter dem Kunden her, und wenn man mit dem Finger auf die Ware zeigt, legt sie diese höflich in den Korb.

Die Donbasser waren es gewohnt, dass der Staat sich um alles kümmert, und nun fühlen sie sich im Stich gelassen, vergessen, verwaist. Schließlich sind sie Bergleute, Metallurgen, Elektriker, allesamt Helden wie Stachanow, und allesamt inzwischen auf dem Grund der tiefsten Grube gelandet.

Wehmut durchdringt ihre Erinnerungen, und manche blicken sehnsüchtig nach Russland.

In Donezk bildeten sich prorussische Organisationen, Vereine und Parteien. Ihre Anhänger dachten an die Zukunft und träumten von alten Zeiten. Der Bergmann Serhij Schemuk förderte 2010 mit einem Presslufthammer 170 Tonnen Kohle und brach damit Stachanows Rekord.

Der Osten entfernte sich von der Westukraine, die ihrerseits von Europa träumte. Die beiden Landesteile waren schon immer sehr unterschiedlich: Hier wurde vor allem Russisch gesprochen, dort Ukrainisch, hier wurden die Helden der Roten Armee geehrt, dort die Partisanen der Ukrainischen Aufständischen Armee, die gegen sie gekämpft hatten. In der unabhängigen Ukraine prallten diese beiden Geschichtsbilder aufeinander und fanden keinen gemeinsamen Nenner. Ukrainisch war im ganzen Land Amtssprache, obwohl nicht nur die Russen, sondern auch die Ostukrainer Russisch sprachen. Die Menschen in Donezk verstanden die Homogenität des neuen Staates nicht. Ukrainer, Russen, Armenier, Polen, Juden und Tataren hatten sich hier seit 150 Jahren vermischt und waren durch ihr sowjetisches Bewusstsein zusammengehalten worden. Aber die UdSSR gab es nicht mehr, und so blickten sie nach Russland.

»Ihr seid noch nicht reif, Ukrainer zu sein, aber eines Tages werdet ihr es sein«, erklärten ihnen die Menschen im Westen.

»Ihr habt vergessen, dass ihr Russen seid«, antworteten die prorussischen Organisationen im Osten.

Im Westen hieß es, der Osten sei rückständig, die Menschen seien unhygienisch, dümmlich und ständig betrunken. Es gab Kritzeleien an den Hauswänden: ›Pinkel nicht ins Tor, du kommst ja nicht aus Donezk.‹ Der Westen wollte, dass die Ukraine ukrainisch ist, er wollte nach Europa, er protestierte gegen die Korruption und die Geschäfte der Oligarchen und glaubte, der Donbass ziehe ihn mit sich in den Abgrund. Und dabei wollten sich beide endlich wieder würdig fühlen. Die einen sahen die Lösung in Europa, das für eine starke Demokratie und den Sieg über die Korruption sorgen würde. Die anderen suchten Würde im Gefühl von Stärke und Größe, das Russland bot. Von Donezk aus schien Europa sehr, sehr weit weg.

»Wir arbeiten hier, und ihr demonstriert«, sagte der Osten.

Und der Westen: »Ihr seid Watniks!« Denn in ihren Schädeln sei angeblich nur Watte.

Der Osten antwortete: »Und ihr Swodomiten!«

Swidomiten, die Bewussten – das sagte man im Westen, wenn man über Zukunft und Identität sprach, doch die Ossis hörten: Sodomiten! …

Und weiter die Wessis: »Fossilien der UdSSR! Kommunisten!«

Und die Ossis: »Hitlers Kollaborateure! Banderisten und Nazis!«

Das benachbarte Russland reagierte seinerseits auf die Destabilisierung dieses Staates, der sich aus seiner Einflusssphäre befreien wollte. Es unterstützte die in Donezk agierenden prorussischen Organisationen, Parteien und Verbände sowie die mit ihnen sympathisierenden Politiker, darunter auch den ebenfalls aus dem Osten stammenden Präsidenten. Russland nutzte die aufgeheizte Stimmung geschickt aus.

Früher hieß es in Donezk: »Die Ukraine ernährt die ganze UdSSR«, jetzt: »Wir im Donbass ernähren die ganze Ukraine!«

Und schließlich schlugen prorussische Nationalisten vor: »Kehren wir nach Russland zurück!«

Die arbeitslose Irina Baribina trat der Partei ›Russischer Block‹ bei.

»Russisch ist nicht gleich Nationalität«, sagt sie. »Jeder, der sich zu unseren Werten bekennt, gehört dazu. Und diese Werte verteidigen wir. Zum Beispiel: Jede Nation hat ihre eigene Küche. Was essen wir zum Frühstück? Traditionell Rührei und Würstchen. Und was essen die Menschen dort? Cheeseburger, Hamburger und sie trinken Orangensaft. Meine lieben Freunde, wo bekommen wir denn Orangen her? Bei uns wachsen Äpfel! Man sollte keine fremden Früchte essen. Das gilt auch für die japanische Küche. Unsere Mägen sind es nicht gewohnt, rohen Fisch zu essen. Und was ist Pasta? Wir haben immer Nudeln gesagt. Es geht auch um die Reinheit der Sprache. Im Westen wird unsere russische Sprache als feindlich angesehen. Offizielle Drucksachen, Filmübersetzungen, alles ist nur auf Ukrainisch. Und ich habe nichts, wofür ich die Ukraine lieben könnte. Alles, was ich habe, habe ich aus der UdSSR oder von meinen Eltern.«

(Ihr Vater war sowjetischer Offizier und sie folgte ihm während ihrer gesamten Kindheit durch das Imperium, bis sie für längere Zeit in Donezk blieb).

»Du musst bei dir selbst anfangen, gegen schlechte Gewohnheiten anzukämpfen, gegen Wodka und Zigaretten, zum Wohle der ganzen Nation. Unsere Nation ist eins, denn die Ukraine ist auch eine ruthenische Nation, aber getrennt von ihren Brüdern«, ergänzen Oleg und Olga von der ›Slawischen Einheit‹.

Wir sitzen mit ihnen im Erdgeschoss des Liverpool. So heißt das Hotel mit Bar und Club, das ein gewisser S. eingerichtet hat. Die Stadt Liverpool erinnerte ihn an Donezk, weil sie auch aus Arbeitern bestand und die Leute morgens genauso zu den Fabriken und Stahlwerken eilten. S. war auch ein Beatles-Fan und hat den ganzen Club mit Beatles-Fotos tapeziert. Vor dem Hoteleingang steht sogar eine Statue der vier.

Zwischen den Beatles-Bildern sitzen Oleg und Olga auf roten Sofas. Sie tragen T-Shirts mit dem Swarog-Zeichen. Sie haben sich in einem Forum für Ruthenen kennengelernt. Sie hat seine politischen Kommentare gelesen und sich sofort in ihn verliebt. Gerade haben sie ihren Hochzeitstag gefeiert, und auf ihren Eheringen ist eine Farnblume eingraviert, ein altes slawisches Symbol für Wohlstand.

»Wir träumen davon, ein Großrussland zu schaffen und der Familie Romanow den Thron zurückzugeben«, sagt Olga.

»Warum nach Europa gehen? Es ist korrupt. Hast du gesehen, wie viele Schwarze und Araber dort auf der Straße sind? Und die Homosexuellen?«, fragt Oleg. »Unsere russische Mentalität lehnt so etwas kategorisch ab. Als die Schwulen in Kiew Paraden organisiert haben, waren vielleicht zwei Ukrainer dabei, der Rest kam aus dem Ausland. Man sieht sofort, dass es den ukrainischen Schwulen auch ohne Paraden gut geht. Vielleicht wissen sie aber auch, dass sie, wenn sie zu einer gehen würden ...«

(Hinter ihnen steht eine Wand aus nackten Ziegelsteinen. An dieser Wand, unter dem Porträt von John Lennon, werden in etwa sechs Monaten, wenn das Liverpool Hotel zum Gefängnis wird, Menschen mit Säcken über dem Kopf stehen und der rote Ziegelstein wird von Gewehrkugeln zerschossen.)

Pawel Gubarew, ein Unternehmer, war schon mit fünfzehn Jahren russischer Nationalist. Er organisierte Märsche, militärische Trainings und nahm selbst an einem Kurs für junge Kämpfer teil, der von Veteranen des Tschetschenienkriegs geleitet wurde.

»Wir Russen sind eine Nation mit einer Mission«, sagt er. »Wir stoppen das Böse in der Welt. Von Russland hängt das

Schicksal der Welt ab. Russland war schon immer der Hüter der Weltordnung.«

Im Alter von sechzehn Jahren wurde er zum ersten Mal von den ukrainischen Behörden verhört: Er hatte Plakate aufgehängt, die zum »Wiederaufbau der russischen Welt und zur Wiedervereinigung der russischen Länder« aufriefen.

Während seines Geschichtsstudiums gründete er einen Kreis von Liebhabern Neurusslands, dem östlichen Teil der Ukraine, der früher zum Russischen Reich gehört hatte.

Er konnte stundenlang pathetisch darüber sprechen, als wäre es ein mythisches Land der Glückseligkeit:

»Blühendes, fruchtbares Land, berühmt für seine Getreidefelder und Gärten, stolze Industriegiganten, geschäftige Häfen. Reich an Sonne, umspült von den blauen Wassern des Schwarzen und des Asowschen Meeres. Es versorgt die Menschen mit Kohle und Metall, Brot, Gemüse, Schiffen, Motoren, Maschinen und Elektronik. Und hier wohnen Ruthenen, Bulgaren, Gagausen und Moldawier Seite an Seite. Sie alle arbeiten und leben seit jeher zusammen, ohne Konflikte. Ihre gemeinsame Sprache war und ist Russisch. Und sie haben nie zur sogenannten Ukraine gehört, nie!«

Um seinen Lebensunterhalt zu verdienen, spendete Gubarew Blut und arbeitete für eine Sicherheitsfirma. Schließlich landete er in der Politik und wurde Stabschef eines Bürgermeisterkandidaten in Donezk.

In dieser Zeit lernte er seine Frau Jekaterina kennen.

»Wir haben uns ganz modern über ein Dating-Portal kennengelernt. Sie kam zu mir ins Büro und sah, wie ich, der 23-jährige Gubarew, ein großes Team leitete. Das muss sie beeindruckt haben«, sagt er.

Seinen ältesten Sohn nannte er Swjatoslaw, zu Ehren des Fürsten der Kiewer Rus, des Schlächters der Chasaren und Schreckens von Byzanz.

Er wurde Bezirksrat in Kujbyschew, aber von der Politik enttäuscht, wandte er sich bald der Wirtschaft zu. Er gründete die Werbeagentur Patison, kaufte Werbemittel in großen Mengen ein und verkaufte sie im Einzelhandel weiter. Am Ende arbeiteten achtzig Menschen für Patison, und Gubarew verdiente viertausend Dollar im Monat. Doch das Land des Glücks, Neurussland, hat er nie vergessen.

»Wir hatten auch ukrainische Nationalisten aus den westlichen Oblasten bei uns, die Geschichte studierten«, erzählt er. »Wir haben mit ihnen gestritten, debattiert und sie manchmal blutig geschlagen. Bis uns klar wurde, dass der Krieg unvermeidlich war. Einer von denen, die dabei waren, sagte: Auf Wiedersehen. Wenn wir uns wiedersehen, schieß mir in die Beine, ja?«

Eines Abends baut ein alter Mann auf dem Leninplatz ein Teleskop auf und lädt uns ein, für nur drei Hrywnja den Planeten Venus zu bewundern, der über der Stadt schwebt. Am selben Abend begegnen wir den Separatisten in Donezk wieder.

»Erst gefallen, dann zerschlagen ...!«: Das Fernsehen berichtet, dass Demonstranten auf dem Unabhängigkeitsplatz in Kiew mit Seilen eine dreieinhalb Meter hohe Lenin-Statue umstürzen und zertrümmern.

Professor Baryschnikow schlägt mit der Faust auf den Bartisch und flucht.

»Andererseits«, sagt er nach einem Moment, »wäre Lenin nicht gewesen, hätte es keinen Ärger gegeben. Denn er war es, der bei der Grenzziehung den Donbass der Sowjetukraine und nicht Sowjetrussland zuordnete. Trotzdem ist das, was sie getan haben, barbarisch. Schuld daran ist die Erziehung, denn die Menschen im Westen haben keine guten Vorbilder, sie sind von Babuschkas aufgezogen worden. Ihre Eltern sind ins Ausland gegangen, um zu arbeiten, und ihre Großväter sind am Wodka gestorben. So wurden sie mit den Babuschkas allein gelassen. Deshalb benehmen sie sich nicht wie Männer. Guck mal, was die machen«, und er zeigt auf den Fernseher.

»Und wenn wir mit einem Gewehr auf sie losgehen? Was dann? Dann bleiben nur noch ihre Unterhosen übrig, und nach einer Stunde ist der Platz leer. Ich weiß, dass sie gerne ein besseres Leben hätten. Aber sie sind faul und kein Europa wird ihnen helfen.«

Von den Fenstern der Sarmata aus kann man die Artjom-Straße sehen. Obwohl Artjom Donezk nur selten besuchte, wurde die längste Allee der Stadt nach ihm benannt.

Artjom oder Fjodor Sergejew, der vierte Mann, dessen Leben uns etwas über den Donbass erzählen wird, war ein russischer Revolutionär. Professor Baryschnikow bewundert ihn und kann Daten aus seiner Biografie aus dem Gedächtnis abrufen:

Artjom wurde 1883 im Dorf Glebowo (Gouvernement Kursk) geboren. 1901 trat er der Sozialdemokratischen Arbeiterpartei Russlands bei. 1902 wurde er wegen konspirativer Tätigkeit von der Universität verwiesen und verhaftet (nach seiner Verurteilung ging er nach Paris, wo er Vorlesungen von Lenin hörte).

1903 begann er bei der Donbass-Eisenbahn zu arbeiten und nahm seine revolutionären Aktivitäten wieder auf. Er unterrichtete die Arbeiter, wie sie die von John Hughes Erben verursachten Missstände bekämpfen konnten, und organisierte Streiks. 1905 organisierte er die revolutionäre Gruppe

›Vorwärts‹, die einen bewaffneten Aufstand vorbereitete. Ein Jahr später wurde er erneut verhaftet und zu lebenslanger Verbannung nach Sibirien verurteilt. 1910 entkam er aus dem Gulag und gelangte über Japan, Korea und China nach Australien. In Brisbane wurde er Anführer einer Organisation russischer Emigranten, organisierte erneut Streiks und Demonstrationen und wurde inhaftiert; die Australier nannten ihn Big Tom.

1917, nach Ausbruch der Oktoberrevolution, kehrte er in den Donbass zurück und wurde einer der einflussreichsten Bolschewiki. 1918 beteiligte er sich an der Gründung der Donezk-Kryhoroska-Republik, eines bolschewistischen Marionettenstaates, der den gesamten Donbass umfasste, und führte ihn an. Ein Jahr später wurde die Republik in die Sowjetukraine, einen Teil der UdSSR, eingegliedert. Im Jahr 1920 wurde er bei einer Fahrt in einem Aerowagon, einem experimentellen propellergetriebenen Schienenfahrzeug, getötet (der Aerowagon entgleiste und die darin reisenden kommunistischen Politiker und Ingenieure kamen ums Leben).

Die Artjom-Statue in Donezk hat Hände wie Brotlaibe und blickt über die Baumwipfel auf die Stadt herab. Für Donezk ist Artjom wichtiger als Lenin. Die von ihm gegründete Marionettenrepublik hat die Gedanken der prorussischen Nationalisten in Donezk immer wieder beschäftigt: den Professor Baryschnikow, den CD-Verkäufer Sascha de Krog und den Ladenbesitzer Andrei Purgin. In ihren Köpfen gewann sie an Bedeutung und Kraft. Andrei Purgin gründete schließlich die separatistische Organisation ›Donezker Republik‹, die sich an Artjoms Staat orientierte und die Abspaltung der Region von der Ukraine anstrebte. Sascha de Krog gehörte ihr an, und Professor Baryschnikow sympathisierte mit ihr.

Purgin, der spätere Vizepremier des nicht existierenden Staates, hat als Treffpunkt eine verschneite Bank auf dem Leninplatz gewählt. Mit dem Schuh wischt er den Schnee von der Bank und setzt sich. Hinter ihm ragt eine riesige Statue des Revolutionsführers auf. Wir finden, dass Andrei ihm mit seinem Spitzbart und den tiefliegenden Augen ziemlich ähnlich sieht. Er schiebt die Hände in die langen Ärmel seines weißen Pullovers und erzählt.

Er habe schon an siebzig Orten gearbeitet, von Handelsfirmen bis zum Zirkus, aber sein Leben sei der Aufbau der Donezker Republik.

»Wir wollen uns abspalten, weil die Ukraine unsere Ressourcen für ihre eigenen Interessen nutzt. Sie schnappt sich alle natürlichen Ressourcen und überlässt uns im Gegenzug verschmutzte Luft und verseuchte Gebiete. Wir müssen unsere Kultur und unser Geld verteidigen. Lasst die gehen, die in die Ukraine wollen, dann werden wir Freunde sein.«

»Andrei, und du? Was machst du konkret?«, fragen wir.

»Nun, meistens passiert alles im Internet, in Foren. Wir wurden verfolgt, also haben wir unsere öffentlichen Aktivitäten eingeschränkt. Der ukrainische Sicherheitsdienst war hinter uns her. Vier Jahre lang durfte ich die Stadt nicht verlassen. Man warf mir vor, den Sturz der rechtmäßigen Staatsgewalt anzustreben, Separatismus zu betreiben und ethnischen Hass zu schüren. Dreizehn Bände Beweismaterial wurden gesammelt. Wir haben doch bloß für unsere Sache geworben! Sie stellten es so dar, als wollten wir mit Gewalt eine neue Grenze ziehen. Dabei haben wir nie mit Waffen gekämpft und werden es auch nicht tun.«

»Ich glaube nicht, dass du in Donezk beliebt bist.«

»Hört zu«, sagt Purgin und seine Augen leuchten auf. »Als die UdSSR zusammenbrach, kamen nur ein paar Leute zum Gebäude des Provinzrats. Sie schwenkten ukrainische Fahnen. Jeden Morgen versammelten sie sich auf dem Platz unter dem Mast, an dem die sowjetische Fahne hing, und schwenkten ihre eigene. Als sie sich eines Tages wieder versammelten, bemerkten sie, dass statt der roten Fahne eine ukrainische Fahne am Mast hing, die gelb und blau war. Jemand hatte sie über Nacht ausgetauscht. Die Idee eroberte die Massen! Auch unsere Idee kann die Massen erobern. Wir brauchen nur die richtigen Umstände.«

»Uns geht es immer noch um Größe«, fügt Sascha de Krog hinzu. »Wir wollen uns abspalten, um näher bei Russland zu sein. Wir ziehen Russland der Ukraine vor, denn der russische Nationalismus ist das Imperium. Und der ukrainische Nationalismus? Ein Bauernstaat, ein Hof hier, ein Hof da. Und das soll alles sein? Warum soll man sich mit so etwas herumschlagen?«

Sascha will nicht nach Europa, weil er sich dann von Russland entfernen würde.

»Und was wäre mit den Bauernhöfen, den Kuh- und Schweineställen passiert? In Europa gibt es sterile Standards, und hier ist in jedem Stall Scheiße. Die würden alles dichtmachen«, erklärt er.

Sascha hat sich im Laufe seines Lebens eine dicke Schale zugelegt, die ihn vor der Welt schützt und ihm Selbstvertrauen gibt. Ein solcher Panzer schirmt das unruhige Innere gut ab.

Als Kind trommelte er gerne seine Gang zusammen: dem Schuldirektor die Fensterscheiben einwerfen, sein Auto umkippen, mit den Jungs wild um sich schlagen. Seine kranke

Mutter zog ihn allein auf, der Vater verließ sie und ging nach Moskau. Doch nach der Schule kam Sascha zu ihm.

»Damals war dort Leben, es wurde etwas bewegt, etwas geschaffen. Die Skinhead-Subkultur hat mich mit ihrer Aggressivität angezogen. Am Kursker Bahnhof wurden historische Zeitschriften verkauft, die habe ich alle gelesen. Ich trieb mich in der Stadt herum, am Alten Arbat, am Neuen Arbat«, erzählt er.

Eine Erinnerung ist ihm bis heute geblieben: Nazi-Runen, tätowiert auf seinem Arm. Er ist groß, sieht stark aus, aber wenn er spricht, senkt er seine Stimme fast zu einem Flüstern.

»Es wird sein, wie es sein wird«, sagt Sascha leise. »Im Moment treibe ich meine Arbeit voran und gehe zu Demonstrationen. Und im Sommer fahre ich mit den Jugendlichen ins Camp. Ich bringe ihnen bei, wie man mit Waffen umgeht. Vielleicht wird das eines Tages nützlich sein.«

»Nazis haben den Majdan übernommen!«

»Der Protest hat jüdische Wurzeln!«

»Homosexuelle unterstützen ...!«

Soja Andrijiwna war abgehärtet und ließ sich auch von den russischen Fernsehnachrichten nicht aus der Ruhe bringen. Sie setzte sich eine kastanienbraune Perücke auf und ging heimlich zu den Separatisten-Demonstrationen. 1965 war sie aus der Westukraine nach Donezk gekommen. Ihr Mann hatte eine Stelle an einem mathematischen Institut bekommen, sie war seine Assistentin. Zu Hause im Westen sagte sie immer das ukrainische ›Diakuyu‹ statt des russischen ›Spasibo‹. Sie las gerne Romane, studierte aber Mathematik an der Universität von Czernowitz. Ihr Onkel sagte: »Egal, wie sich die Welt verändert, Sojenka, in der Mathematik wird sich nichts ändern. Zwei plus zwei wird vier sein, für einen Polen, einen Deutschen und einen Russen.« Dreiunddreißig Jahre lang unterrichtete sie in Donezk auf Russisch, zu Hause sprach sie Ukrainisch. Erst 1989 wurde das Gesetz über die ukrainische Amtssprache verabschiedet, für das sie selbst Unterschriften sammelte. Ein Jahr später wurde die erste ukrainische Schule in Donezk gegründet, und es war unmöglich, einen Mathematiker zu finden, der auf Ukrainisch unterrichtete. Auch deswegen, weil ukrainische Mathematik zehnmal schlechter bezahlt wurde als russische. Schließlich wollte hier niemand wirklich Mathe auf Ukrainisch lernen. Soja nahm die Stelle an.

»Die Behörden nannten die Schule eine Banderistenschule. Ganz Donezk dachte: Dieses Ukrainischsein geht vorbei. Selbst nach der Unabhängigkeit der Ukraine dachten die Leute noch so. Also habe ich aus Trotz angefangen, bei Proswita zu arbeiten, einer proukrainischen Bildungsorganisation, um Donezk an sein Ukrainischsein zu erinnern. Es war schwer, meine Lieben, es war schwer! Die Kinder von Donezk gehen auf russischsprachige Schulen und Universitäten, und in Kiew gibt es keine Arbeit für sie. Deshalb nehmen sie die russische Fahne in die Hand und rufen, dass Russland hier ist. Aber es gibt auch einen kosakischen Geist, einen rebellischen Geist, und manche Donezker sind noch proukrainischer als im Westen. Ich frage: Woher kommt das bei euch? Das wissen sie nicht. Vom Kosakengeist, sage ich dir!«

Sie wollte das unbedingt glauben und konnte die Wahrheit nicht akzeptieren, dass Donezk vor allem Niemandsland ist. Eine Wüste. Alles, was Donezk hatte, wurde ihm genommen, seine Identität, die auf der Industrie beruhte, der Stolz, nützlich zu sein, der Staat, die UdSSR, der ihn geschaffen hatte. Obwohl ukrainische und russische Nationalisten versuchten, die Stadt auf ihre Seite zu ziehen, wollte Donezk einfach nur Donezk sein.

Zwei Jahre zuvor, 2011, war eine Umfrage unter den Bewohnern der West-, Zentral- und Ostukraine durchgeführt worden. Und im Gegensatz zu den Bewohnern des Westens und des Zentrums, die sich als ukrainische Staatsbürger identifizierten, identifizierten sich die Donezker zu gleichen Teilen als ukrainische Staatsbürger (29 Prozent), Stadtbewohner (27 Prozent) und Bewohner des Donbass (24 Prozent). Während zwei Drittel der Westler in der Europäischen Union leben wollten, wollte ein Drittel der Donezker in einer Gemeinschaft mit Russland, Weißrussland und Kasachstan leben. Und sogar jeder Fünfte wieder in der UdSSR. Die prorussischen Nationalisten hatten hier starke Strukturen aufgebaut, die ukrainischen waren schwach. So wurde Soja zu deren Anführerin.

»Ich dachte, es würde besser werden«, sagt sie und zupft an ihren Perlen.

Als vor zehn Jahren Separatisten im Namen der Donezker Republik in Donezk auftauchten, hatte sie eine böse Vorahnung. Niemand nahm sie ernst außer ihr. Seitdem geht sie verkleidet zu Demonstrationen, um nicht erkannt zu werden. Sie filmt die Kundgebungen, sammelt Flugblätter und zeigt sie dann bei der Staatsanwaltschaft an. Ihr ist es unter anderem zu verdanken, dass gegen Purgin und seine Organisation ein Strafverfahren eingeleitet wurde, über das sich der spätere Vizepremier auf der verschneiten Bank beklagte.

»Ich habe gerade erfahren«, flüstert Soja, »dass der Fall verjährt war und eingestellt werden musste.«

Die Uhr auf dem Postturm zeigt noch immer 8:55 Uhr, die Zeiger bewegen sich nicht. In den Luxusboutiquen an der Artjom-Straße kaufen Damen mit Pelzen und breitkrempigen Hüten importierte Schokolade und Sojamilch, auf dem Weg nach draußen murmeln sie, das Megaphon der Demonstranten sei zu laut.

»Wir werden siegen!«, ruft eine kleine Menge neben Schewtschenko-Nelson.

»Nun, was sollen wir tun?«, fragt der stellvertretende Bürgermeister Bogatschow am Fenster des Stadtrats mehr sich selbst als uns. »Sollen wir die Sache diplomatisch angehen und uns vielleicht einigen? Notfalls den Ausnahmezustand ausrufen?«

»Auflösen!«, schlagen die Demonstranten bei Lenin vor.

Die Passanten ziehen sich die Mützen über die Ohren und eilen die Artjom-Straße hinunter. Als wir die Stadt verlassen, wirbelt der Schnee auf wie die Federn eines zerrissenen Kopfkissens.

Während auf den Kiewer Majdan Milizionäre mit Gewehren einberufen werden und Scharfschützen von den Dächern auf die Demonstranten schießen, bringt Jelena Blochas *Municypalnaja Gaseta* ein Foto auf der Titelseite, auf dem die Bewohner der Stadt zur Arbeit eilen. Der normalste Morgen der Welt. Die Überschrift: »Die Situation ist nicht ungewöhnlich.«

Wir reisen zu diesem Zeitpunkt durch die Ukraine und erleben, wie das Land aus den Fugen gerät.

Im Februar, als die ersten Schneeglöckchen sprießen, treffen wir auf dem Majdan in Kiew ein. Die Barrikaden stehen bereits in Flammen und es werden Schleudern für Molotowcocktails zur Verteidigung gebaut.

Wir fragen die Menschen auf den Barrikaden: Warum seid ihr hier?

Wir sind bei der Beerdigung der ersten Demonstranten, die durch Kugeln der Regierungstruppen getötet wurden. Die Prozession mit den Särgen zieht durch Schnee und Eis, die Menschen skandieren »Berkut-Mörder!«. Der Protest radikalisiert sich. Wenn die ersten Demonstranten sterben, ist klar, dass andere bis zum Ende bleiben werden, egal was passiert.

Im März blühen die Osterglocken. In Kiew siegt der Majdan, nach drei Monaten Protesten flieht der Präsident des Landes nach Russland. Aber wir sind schon auf der Krim. Das russische Militär hat gerade die ukrainischen Stützpunkte auf der Halbinsel umzingelt und nutzt das Chaos, um Land zu erobern.

In Sewastopol versucht Oberleutnant Nikolai in die Wohnung zu kommen, die wir gemietet haben. Seit einer Woche ist Sewastopol praktisch russisch. Nur ein verbarrikadierter ukrainischer Flottenverband, dessen Kommandant Nikolai ist, steht noch im Dienst der Ukraine.

»Nikolai, erschreck dich nicht«, warnen wir ihn am Telefon vor. »Die Wohnung ist nämlich nur fünfzig Meter vom Hauptquartier der russischen Schwarzmeerflotte entfernt.«

»Wir sind schon unterwegs«, sagt er. »Wir kommen zu mehreren.«

Er blufft. Er kommt allein, zu Fuß. Um sich den Weg durch die Stadt zu bahnen, in der er seit kurzem Soldat der feindlichen Armee ist, zieht er seine Uniform aus, trägt Jeans und Daunenjacke.

»Hättet ihr nicht einen besseren Ort zum Reden finden können?« Er ist wütend. Dann fragt er:

»Was soll ich tun? Schießen? Mich ergeben? Dann wird man zu Hause nicht verstehen, dass wir die Krim kampflos aufgegeben haben. Und die Befehle lauten: Wenn jemand versucht, das Gebiet zu besetzen, ein Schuss in die Luft, dann auf die Person. Ich weiß, dass man kein Stück seines Landes aufgeben sollte. Das sollte man nicht, oder? Aber wenn wir anfangen zu schießen, gibt es Krieg. Einen blutigen Krieg. Einerseits sind wir Soldaten, wir wollen zu den Waffen greifen, um unser Land zu verteidigen. Andererseits wissen wir, wie Kriege aussehen, wie sie enden, wozu sie führen. Krieg ist keine Lösung. Krieg ist kein Ausweg. Krieg ist Krieg. Aber wenn ich mich ergebe, wird mein Vater mir nicht verzeihen. Er hat ein Jagdgewehr, er wird mich persönlich erschießen. Ich habe ihn angerufen und es ihm erzählt. Er meinte zwar, er würde es vielleicht doch nicht machen. Aber er würde es sich genau überlegen.«

In Simferopol laden uns Sergei und Juri von der Selbstverteidigung der Krim auf dem Leninplatz zu Mortadella-Sandwiches ein. Draußen vor dem Fenster blickt Wladimir Iljitsch von einem Denkmal auf uns herab. Daneben ist eine Bühne aufgebaut, auf der alle paar Tage Konzerte des Krim-Frühlings-Festivals stattfinden. An der Wand steht in roter Farbe: Putin, rette uns. Kosaken aus dem russischen Kuban bewachen den Platz. Mit tief ins Gesicht gezogenen Pelzmützen streifen sie durch die Stadt. Auch die Mitglieder der Bürgerwehr werden immer mehr. Sie organisieren Demonstrationen, fordern ein Referendum und patrouillieren auf den Straßen.

Juri ist vor ein paar Tagen aus St. Petersburg gekommen. Er war letztes Jahr im Urlaub auf der Krim und als er sah, was dort passierte, konnte er nicht mehr ruhig schlafen.

»Wir werden die Ukraine langsam von den amerikanischen Agenten säubern. Lach nicht. Ein amerikanischer Agent muss ja nicht unbedingt aus Amerika kommen. Ein amerikanischer Agent ist jeder Idiot, der mit den Schwulen gemeinsam aus unserem Land Europa machen will«, erklärt Sergei.

Die europäischen Schwulen sind eines der häufigsten Argumente gegen Europa, das von den Befürwortern der russischen Intervention auf der Krim vorgebracht wird. Wir fangen an, über Politik zu reden – und sie kommen immer auf Schwule zu sprechen. Wir fragen Juri und Sergei, ob sie schwule Freunde haben.

»Ich habe einen«, antwortet Juri.

»Wirklich?« Sergei fasst sich an den Kopf.

»Weil ich mit ihm befreundet war, bevor sich herausgestellt hat, dass er schwul ist«, erklärt Juri und wird ganz rot.

»Die Krim ist erst der Anfang, nach und nach wird die ganze Rus wiedervereinigt. Wir werden auch nach Lemberg kommen«, erläutert Sergei. »Und wisst ihr, warum der Westen Russland hasst? Der Schwache hasst immer den Starken.«

In Balaklawa sprechen wir auch mit Loscha und Julia. Julias Mann Sascha war ebenfalls in seiner Militäreinheit eingesperrt und Julia zitterte vor Angst um ihn. Loscha hingegen war überglücklich, dass er nach Russland zurückkehren konnte.

In der Sowjetzeit war Balaklawa eine geschlossene Stadt. In der Bucht, im Felsen, gab es einen Stützpunkt für U-Boote. Dort war auch ein Atomwaffenlager. Die Schiffe fuhren in die Bucht ein, die Lichter in der Stadt gingen aus, bevor sie sich in den Tunneln unter dem Berg versteckten. Alles war durch 150 Tonnen schwere Tore gesichert.

Loscha erinnert sich sichtlich gerne an jene Tage, als er die Kraft des Ortes spürte, an dem er lebte. Die Bürgersteige waren geebnet, auf den Straßen lag kein Müll. Niemand warf eine Zigarettenkippe weg, nicht mal eine Sonnenblumenkernschale. Und samstags kam die ganze Stadt, um auf dem Platz zu tanzen. Aber dann brach die Sowjetunion zusammen, und Loscha wurde traurig. Die Schiffe verschwanden aus dem ausgehöhlten Felsenboden. Die Atomraketen gingen an Russland, die Krim an die Ukraine.

»Die Bürgersteige begannen zu bröckeln, die Menschen hörten auf, vor Freude zu tanzen, und dann kam … Aber jetzt wird alles anders«, verkündet Loscha.

Jeden Morgen stellt er das Zelt des ›Russischen Blocks‹ auf den Platz und verteilt Flugblätter. Seit die Miliz weg ist, droht Loscha den Betrunkenen mit dem Finger, schlichtet Schlägereien und ermahnt diejenigen, die Müll auf die Straße werfen.

Julia weiß nicht, welcher Tag heute ist. Für sie sind alle Tage zu einem verschmolzen. Sie stammt aus Saporischschja und ist Ukrainerin, aber ihr Mann Sascha ist Russe. Sie hatten acht Jahre auf der Krim gelebt und es ging ihnen gut. Ukrainer, von denen es in Balaklawa nur wenige gibt, und Russen lebten harmonisch zusammen. Das Leben kroch hier langsam wie eine Schnecke von Jahr zu Jahr. Und plötzlich hatte ihr Mann Barrikaden auf dem Stützpunkt errichtet. Die Russen kamen und befahlen, sie niederzureißen. Die eine Hälfte der Einheit gehorchte, die andere nicht.

»Im Frühling wird die Stadt aufgeräumt sein. Es wird eine andere Krim geben, ein anderes Balaklawa«, schwärmt Loscha.

Julia weint.

Im Mai sind wir in Odessa. Die Tulpen blühen. Die Krim ist bereits von Russland besetzt, aber im Rest der Ost- und

Südukraine brodelt es. In Odessa enden die Zusammenstöße zwischen proukrainischen und prorussischen Demonstranten mit einem Brand im Gewerkschaftshaus am Kulikowe-Pole-Platz, in das sich prorussische Demonstranten geflüchtet haben. Einige verbrennen bei lebendigem Leib, andere springen aus den Fenstern. Proukrainische Demonstranten, die gerade noch gegen sie gekämpft haben, werfen alles weg, nehmen Schilde und Seile und eilen ihnen zu Hilfe. Aber es gibt auch welche, die auf die Menschen zulaufen, die aus den brennenden Fenstern auf den Beton springen, und mit Knüppeln auf sie einschlagen.

Auf der Fensterbank eines Hauses mit einer verkohlten Tür und einer geschwärzten Treppe liegt ein verkohlter Schuh. Je näher man kommt, desto mehr verwandelt er sich in eine geschmolzene Masse. Auf dem Platz leuchten Kerzen und über der Stadt zerbirst ein Feuerwerk zur Feier des Siegestages.

Im Juli blühen die Sonnenblumen. Und wir kehren nach Donezk zurück.

Kapitel 2

Der Rote Sand

Sommer 2014

Menschen sind vom Himmel gefallen, Vögel und Hunde. Die Menschen sind schon weggebracht worden, aber um die Tiere kümmert sich niemand. Sie liegen noch auf der Wiese, über der der Himmel zerbrochen ist, im hohen Gras, wir wissen, dass sie da sind. Der Geruch dringt in unsere Lungen, als würden wir ertrinken.

»Lasst uns gehen«, sagt der Mann, der uns auf die Wiese geführt hat.

Wie Hagel sei es vom Himmel gefallen, berichten die Bewohner des Weilers. Irina aus Petropawliwka dachte, es seien bunte Konfettistreifen, die zu Boden fielen. Sie schirmte ihre Augen gegen die Sonne ab, um besser sehen zu können. Doch statt Konfetti flog plötzlich ein rotes Kleid mit Kätzchen herunter, dann Kisten, Koffer und Gepäck.

In Rozsypne war Wladimir gerade dabei, Öl in sein Auto zu füllen, als ein Knall die stickige Luft zerriss. Plötzlich fiel neben ihm ›so Eine‹ herunter, wie er es nannte, ›so Eine‹ prallte vom Boden ab und flog noch zwei Meter weiter.

In Grabowo hoben die Leute die Köpfe und dachten, die Welt ginge unter.

Wir gehen die Straße entlang, die die Wiese kreuzt, und fragen uns, ob wir das dürfen. Darf man sich einfach so in den Tod anderer Menschen stürzen?

»Lasst uns jetzt gehen«, bittet der Mann, der uns auf die Wiese geführt hat, als wir hinter dem Wäldchen Schüsse hören.

Wir gehen. Vorbei an Zahnbürsten und Kleidern, Koffern und Stiften, Flugzeugsitzen und Schokolade, Teddybären und Turnschuhen, Zeitungen und Büchern: Robert Muchamores *Top Secret, die neue Generation 3* (»Ryan besteigt das Flugzeug. Seine Mission ist es, einen Terroranschlag zu verhindern ...«), eine Fibel für die Jüngsten mit Aufklebern (»Mijn eerste woordjes met stickers«), die Zeitschrift *Shape* (»Get the body you want!«).

Ein Lippenstift, ein Slip und ein Kamm. Alles liegt auf einer Fläche von 35 Quadratkilometern verteilt, in Getreide- und Sonnenblumenfeldern, in Hinterhöfen und auf kaputten Straßen in der Nähe der Bergbausiedlungen Grabowo, Rozsypne und Petropawliwka bei Donezk, in Gebieten, die von Separatisten der Donezker Volksrepublik (DNR) kontrolliert werden.

Eine Woche zuvor war eine malaysische Boeing 777 auf dem Weg von Amsterdam nach Kuala Lumpur in zehntausend Metern Höhe von einer Rakete getroffen worden. Die Separatisten sollen die Maschine mit einem ukrainischen Transportflugzeug verwechselt haben. Die Leichen, die kilometerweit verstreut auf den Feldern lagen, wurden bis spät in die Nacht von Bergmännern eingesammelt. Zunächst wurde neben jedem Toten eine weiße Fahne aufgestellt. Sie bedeckten immer größere Flächen, und am Abend sah es aus, als ob auf dem ganzen Feld weiße Blumen blühten.

Aber die Leute in den Dörfern gehen immer noch an den Lippenstiften und Schuhen vorbei, haben immer noch Teile des Flugzeugrumpfes in ihren Höfen liegen. Manchmal bringen sie eine Blume mit, zünden eine Kerze an, machen ein Kreuz. Sie schreien Leute an, die herumlaufen, in Taschen greifen oder Dinge anfassen, die man nicht anfassen sollte. Die OSZE-Beobachter kamen, schauten sich alles an, machten Fotos und gingen weiter. Und die Sachen lagen einfach da, reglos, bis man sich an die Schuhe, Turnschuhe, Lippenstifte und Bücher gewöhnt hatte.

»Gehen wir«, ruft der Mann wieder, und es klingt verzweifelt.

»Die Toten waren nackt, die Kleidung wurde ihnen in der Luft vom Leib gerissen.« Schenja läuft zwischen den Tragflächen umher und kratzt sich am Bauch.

Nachts träumt er davon. Es ist ein langer, schwerer Schlaf bis zum Morgen. Dabei war er früher gar nicht so sensibel, er hatte den Tod schon gesehen.

»Ich habe in Slowjansk gekämpft«, sagt er. »Als die Stadt fiel, kam ich zurück, aber die Jungs haben mich angerufen und gesagt: Komm nach Debalzewo, dort ist es hart, wir brauchen dich. Vielleicht werde ich gehen.«

Wir fragen Schenja, ob er jemanden getötet hat.

»Er war ungefähr achtzehn Jahre alt.« Er hockt sich hin und berührt den Boden, als wollte er prüfen, ob er echt ist. »Und die andere war eine junge Frau.«

»…?«

»Die Mädels da laufen mit Gewehren herum. Entweder ich oder sie.« Er nimmt einen Zug von seiner Zigarette. »Ich träume auch von ihr.«

In Rozsypne, bei Inna, fiel ›so Einer‹ vom Himmel. ›So Einer‹ zerbrach das Dach der Sommerküche und fiel auf den Sessel. Inna war nicht da. Als sie zurückkam, weinte ihr Sohn, ein erwachsener Mann: »Mama, wir haben eine Leiche im Haus.«

Wladimirs Frau war gerade dabei, die Auberginen zu verarbeiten. Sie dachte, es würden Fallschirmspringer kommen, aber dann fiel ›so Eine‹ neben Wladimir herunter, mit weit aufgerissenen Augen und Mund. Ein Zahn war abgebrochen, und an ihrem Bein, daran erinnert sich Wladimir genau, waren die Fußnägel lackiert. Das andere Bein fehlte. Warum er es für so wichtig hielt, dieses Bein zu suchen, weiß er nicht. Erst die Bergleute, die später kamen, haben es gefunden.

In Petropawliwka blieb ein Stück des Flugzeugrumpfes in einem Baum neben dem Spielplatz hängen, ein anderes fiel auf die Straße und ein drittes in ein Kohlefeld bei Irinas Nachbarn. Sie stand auf dem Balkon und blickte in den Himmel. Wir werden beschossen, dachte sie, aber dann fielen Kleider, Koffer und Rucksäcke herunter. Es gab keine Leichen, nur die Hunde hatten ein Stück … sie kann es nicht aussprechen: »dieses männliche Körperteil«.

Auch Briefe und Blumen fielen vom Himmel, erinnert sich Irinas Enkelin Anna. Die Menschen sammelten alles an einem Ort, damit es abtransportiert werden konnte.

»Der Schmerz der anderen«, sagt Anna, »sollte nicht auf unseren Feldern liegen.«

Eine Woche lang hielten sie sich in der Nähe des Kellers auf, um sich schnell verstecken zu können, falls etwas passieren sollte. Sie hörten Tag und Nacht Schüsse, wachten auf, wenn sie lauter wurden, und schauten durch die Fenster. Beide

Seiten benutzten bereits Grad-Raketenwerfer.[3] Die furchtbar ungenauen Waffen schlugen immer wieder in die Häuser ein.

Ein Klingeln durchbricht die Stille.

»Ist die Front schon bis Nikischin vorgerückt? Wohin, nach Debalzewo?«, ruft Ania ins Telefon. »Heißt das, sie haben den Menschen in Mikhaltsewe eine Stunde Zeit gegeben, bevor sie evakuiert wurden?«

»Die DNR-Jungs«, sagt sie schließlich zu ihrer Mutter, »werden sich nicht halten können. Die Ukker haben die Stellungen schon durchbrochen.«

Ukker sagen sie hier, obwohl sie selbst Ukrainer und ukrainische Staatsbürger sind. Nicht, weil sie die DNR unterstützten, ganz und gar nicht. Vielmehr sind sie wütend, dass die ukrainische Armee gegen sie vorgerückt ist. Das hat sie radikalisiert. Sie sagen: Warum können die uns nicht in Ruhe lassen? Aber das können ›die‹ ja nicht. Sollten die Ukrainer sich nach der Niederlage auf der Krim etwa noch einmal geschlagen geben? Nein, jedenfalls nicht kampflos. Viele Soldaten kamen aus dem Westen mit einer großen Wut, die sich in ihnen aufgestaut hatte, seit auf dem Majdan Scharfschützen auf ihre Kollegen schossen und Berkut die Demonstranten angriff. Denn während der Majdan brannte, schaute Donezk auf die Berkut, deren Mitglieder häufig aus dem Osten kamen.

Im Februar genehmigte die Stadtverwaltung Transparente mit einer riesigen Aufschrift: »Drei unserer Jungs sind gefallen.« Darunter stand in kleinerer Schrift: »Drei Majdan-Aktivisten

3 Grad heißt auf Russisch Hagel (Anm. des Übersetzers).

und einundzwanzig Polizisten aus der Region Donezk sind bei den Zusammenstößen in Kiew ums Leben gekommen.«

Als die Berkut-Männer nach dem Massaker nach Hause nach Donezk kamen, wurden sie von einer Gruppe Anwohner mit Blumen, Brot und Salz empfangen. Sie skandierten: »Bravo, Jungs!« Und: »Danke, Männer!«

Im Frühjahr beschloss der Stadtrat einstimmig, einen Platz in Donezk »Zum Gedenken an die gefallenen Helden der Berkut« zu benennen. Der stellvertretende Bürgermeister Sergei Bogatschow hatte das Anliegen eingebracht.

Je lauter die Granaten einschlugen, desto wütender und hilfloser wurden die Menschen im Osten. Der Krieg kommt, hörten sie, der Krieg rückt näher, der Krieg ist da. Aber welcher Krieg? Und gegen wen?

Der Krieg, den sie am besten kannten, kam aus Filmen oder Geschichtsbüchern: der Krieg gegen die Deutschen und die ukrainischen Partisanen (1941), und davor gegen die Deutschen, Österreicher und Ukrainer (1918). Man könnte meinen, die Geschichte wiederhole sich. Schließlich heißt es ja auch: »Die Geschichte dreht sich im Kreis.« Dass sich der Große Vaterländische Krieg nun wiederholte, war leichter zu begreifen als die Tatsache, dass er aus Wahnvorstellungen, Fantasien und Frustrationen entstanden war. Vielleicht glaubten viele deshalb so leicht an die fiktiven Geschichten, die von den Donbasser Schriftstellern und prorussischen Organisationen gesponnen wurden: Sie werden uns holen, Lager errichten und Phosphorbomben auf uns regnen lassen.

Sie schauten russisches Fernsehen (anderes gab es hier nicht) und glaubten nicht, dass die DNR-Rebellen das Flugzeug abgeschossen haben könnten.

In Petropawliwka ist Leonid sichtlich aufgebracht.

»Ich habe kurz davor zwei ukrainische Kampfflugzeuge am Himmel gesehen, das waren sie, ganz sicher! Sie haben das Flugzeug abgeschossen. Die Ukrainer sind zu so etwas fähig. Versteht ihr das nicht? Ich war Bergarbeiter, ich habe Blut und zerquetschte Menschen gesehen, aber als das niederländische Fernsehen mich fragte, was ich gesehen hatte, brach ich in Tränen aus. Die Front rückte näher. Meine Großmutter ist vor langer Zeit in die Westukraine ausgewandert, ich kenne ihre Familie nicht mehr, woher soll ich wissen, ob die, die hierherkommen, nicht vielleicht meine Cousins sind? Ich könnte meine Verwandten erschießen und wüsste es nicht einmal. Und wer hat das ausgelöst, wer hat damit angefangen? Wollt ihr darüber schweigen?«

»Leonid, es waren doch die Separatisten, die zuerst zu den Kalaschnikows gegriffen haben«, sagen wir.

»Ihr werdet schon noch sehen!« Er ist wütend. »Russland tut nett, aber es sollte mal mit seiner Armee hierherkommen und die Ukker bis in euer Warschau jagen, oder bis nach Miami! Jagen! Euch, ihr Faschisten!« Er läuft bis zu unserem Auto mit, hält uns an und stößt uns dann wieder weg. »Faschisten! Verschwindet von hier. Gott sei mit euch, gute Reise.«

Die Straßen sind still, wir erkennen sie nicht wieder. In ganz Donezk, der Hauptstadt der selbsternannten Volksrepublik Donezk, herrscht Stille. Kein Auto fährt durch die Straßen, niemand kauft in den Geschäften ein, niemand bestellt Essen in den Restaurants. Die Hälfte der Bevölkerung, eine halbe Million Menschen, hat die Stadt bereits verlassen. Jeden Morgen fahren weitere Autos weg. Nur wer es sich nicht leisten kann oder nirgendwo anders hinkann, bleibt. Abends ist die Stadt wie ausgestorben: Es herrscht Ausgangssperre, und auch die Zurückgebliebenen lassen sich nicht mehr blicken. Nach Mitternacht wird in den Außenbezirken geschossen, der Lärm der Explosionen ist auf den leeren Straßen gut zu hören.

Die ersten, die die Stadt verließen, waren die Homosexuellen. Es begann mit Plakaten über Gayrope, das schwule Europa, die alte Frauen zu separatistischen Kundgebungen mitbrachten. Seht her, sagten sie, in Kiew ist jeder Zweite einer von denen, jeder Zweite ist einer von denen ... Später stürmten Männer in Uniform und mit Knüppeln bewaffnet den Schwulenclub Babylon und schlugen auf die Menge ein. Den Gästen wurden Telefone, Dokumente und Geld abgenommen. Die Häuser von Majdan-Anhängern wurden mit Plakaten beklebt, auf denen stand, dass die Hausherren Angehörige sexueller Minderheiten und Drogenabhängige seien.

Igor aus Donezk:

»Auf den Demonstrationen riefen sie, dass Leute wie ich getötet werden sollten und dass wir schwule Propaganda machen würden. Ich habe darüber gelacht, bis sie die Stadt eingenommen haben. Ich bin nach Kiew gegangen und habe nicht vor, zurückzukehren.«

Es wurde ein Dekret erlassen: Homosexuelle sollen Gräben ausheben oder, wenn sie das nicht können, eingesperrt werden. In den Kellern der Ämter, die jetzt Gefängnisse sind.

In Lugansk wurde ein Homosexueller ermordet, vermutlich von einem Mann, den er im Internet kennengelernt hatte. So machen es die Nationalisten in Russland, sie verabreden sich und bringen dann denjenigen um, mit dem sie sich treffen.

Ein solcher Fall wurde von der neuen Polizei in Lugansk bearbeitet. Mit Hilfe des Telefons des Ermordeten schrieben die Polizisten Telefonnummern auf und erstellten eine Datei mit Namen schwuler Männer aus der Gegend.

Konstantin aus Donezk:

»Achtzig Prozent meiner schwulen Freunde haben die Stadt verlassen. Diejenigen, die geblieben sind, versuchen, sich nicht mehr zu treffen.«

Maksim ging, als sein Haus beschossen wurde. In Kiew angekommen, versuchte er, eine Wohnung zu mieten. Doch als die Vermieter seine in Donezk registrierte Adresse sahen, lehnten sie ihn ab. Er zog in die einzige Unterkunft für LGBT-Flüchtlinge in der Ukraine.

Dann zogen auch die Juden aus der Stadt weg. Man warf ihnen vor, die Majdan-Revolution unterstützt zu haben.

Noch vor Sommerbeginn hörten die örtlichen Polizeikräfte, als Miliz bezeichnet, auf zu existieren. Eines Tages fanden die Bewohner von Gorlowka eine zerschossene Leiche und riefen das Krankenhaus an. Der Krankenwagen konnte die Leiche nicht in die Leichenhalle bringen, weil die Miliz laut Vorschrift bei Schussverletzungen anwesend sein musste. Sie war aber nirgends zu finden, das Hauptquartier war bereits eingenommen worden, die Milizionäre hatten ihre Uniformen versteckt und sich in ihren Häusern verkrochen.

Den Bewohnern wurden auch ihre Autos weggenommen. Die teureren und luxuriöseren wurden später nach Russland verkauft (dadurch brach der Gebrauchtwagenmarkt in der benachbarten russischen Region Rostow zusammen), die alten Autos wurden zu Schrott verarbeitet.

Restaurants und Banken schlossen, Firmen verließen fluchtartig die Stadt. Regiert wurde die Stadt von selbsternannten

Warlords, ehemaligen Militärs oder Kriminellen. Darunter auch ehrbare Geschäftsleute, die ihre Ersparnisse von den Banken abhoben, Waffen kauften und dann durch die Straßen fuhren, an Bushaltestellen anhielten und junge Männer fragten: »Willst du kämpfen? Ich habe eine Waffe. Willst du auch eine?« So entstanden Freiwilligenbataillone – ›Wostok‹, ›Oplot‹, ›Somali‹.

Sergei V. hatte auf einer Baustelle gearbeitet, aber er kündigte und schloss sich ›Oplot‹ an. Auf der Brust trägt er die Ehrenmedaille seines Großvaters, der Jahrzehnte zuvor im Donbass gegen die Deutschen gekämpft hat.

»Jetzt zieht es den gleichen Abschaum zu uns«, sagt er. Seinen sechzehnjährigen Sohn nimmt er mit in den Krieg. Sergei entschied, dass dies genau das richtige Alter dafür sei.

»Ich nehme ihn mit, statt dass er herumlungert und Wodka trinkt«, erklärt er.

Die Menschen im Donbass zogen aus Pflichtgefühl in den Kampf, für Ruhm und Heldentum, weil andere auch gingen. Aber auch, weil der Krieg eine steile Leiter war, die sie dorthin brachte, wo sie in Friedenszeiten nicht hingekommen waren.

Denis Puschilin aus Makejewka bei Donezk arbeitete früher als Croupier im Casino und handelte mit Süßigkeiten, war aber vor allem als Drahtzieher der MMM-Finanzpyramide bekannt. Nun soll er Sprecher des Parlaments der Volksrepublik Donezk werden.

Alexander Sachartschenko, Sohn eines Russen und einer Ukrainerin, war Elektromechaniker in einem Bergwerk, dann Direktor des Einkaufszentrums Kontinent. Heute ist er Kommandeur des Bataillons ›Oplot‹ und wird bald Staatsoberhaupt sein.

Eduard Basurin, Kommandant der Division ›Kalmius‹, war Direktor eines Unternehmens für Polyethylenfolien und arbeitete auch für einen Hersteller von Kunststoffprodukten.

Igor Biezler wurde auf der Krim geboren und studierte an der nach Dserschinski benannten Moskauer Militärakademie. Er kämpfte in Afghanistan und Tschetschenien und fand später Arbeit in einem Bestattungsinstitut und als Wachmann in einer Maschinenfabrik. Auf der Krim half er den Russen, die Halbinsel zu annektieren. Jetzt ist er in den Donbass zurückgekehrt und hat in Gorlowka eine politische Bewegung gegründet.

Michail Tolstych, genannt ›Giwi‹, arbeitete als Gabelstaplerfahrer in einer Seilfabrik. Jetzt kommandiert er das ›Somali‹-Bataillon.

›Druschok‹ arbeitete vor dem Krieg dreiundzwanzig Jahre lang als Dreher in einer Fabrik in der Stadt Druschkiwka (daher sein Spitzname), jetzt braucht er nicht mehr viel, bis ihm ein Panzerbataillon untersteht.

Sergei Zdryluk, ›Abwer‹, wurde aus dem ukrainischen Sicherheitsdienst ausgeschlossen, weil er mit dem russischen Geheimdienst zusammengearbeitet hatte, dann versuchte er sich in der Finanzverwaltung, wurde aber wegen Bestechung entlassen. In der Einheit von ›Strelkow‹ stieg er auf.

Viktor Anosov, genannt ›Nase‹, kam nach der Annexion der Krim nach Donezk. Jetzt plündert er Autohäuser und elegante Pelzläden, deren Besitzer aus Donezk geflohen sind.

So existiert in Donezk die alte Ordnung nicht mehr und die neue ist noch im Entstehen begriffen. Die Hitze brennt vom Himmel auf die Straßen, die so leer sind wie ausgetrocknete Flussbetten.

»Wohin?«

Ein Gewehr knallt gegen die Betontreppe.

Das Gebäude der Regionalverwaltung, aus dessen Fenstern noch vor wenigen Monaten der stellvertretende Bürgermeister und Krimiautor Sergei Bogatschow blickte, ist heute von hohem Stacheldraht umgeben und wird von zahnlosen Freiwilligen bewacht. Sie rauchen kurze Zigaretten ohne Filter und haben fröhlich lachende Augen.

Krieg!

Das sind Männer, die sich im steifen Kragen des Friedens nicht wohlfühlen. Nur das Chaos des Krieges gibt ihnen Selbstvertrauen und Kühnheit, nur der Krieg erlaubt ihnen, ihre Flügel auszubreiten. Soziale Regeln verschwinden, Stärke und Loyalität werden zum Gesetz. Manche kommen sogar aus fernen Ländern, angezogen vom Geruch des Krieges.

Einer von ihnen ist Guillaume aus Frankreich. Er sah, dass die Europäische Union und die NATO sein Land zerstörten, und er wollte denen helfen, die die NATO zerstören würden.

»Wenn der Krieg in Frankreich ausbricht, werden uns die Jungs aus dem Donbass auch helfen«, träumt er. Vor dem Krieg spielte Guillaume in einer Rockband und zeichnete Comics.

Neben ihm sitzt Roman, genannt ›der Grieche‹, weil er aus Griechenland kommt. Früher war er IT-Spezialist und verdiente gut.

»Aber einer muss doch kämpfen, oder?« fragt er, und so kämpft er in einer Abteilung der russisch-orthodoxen Armee.

Dariusz aus Polen hat in einem Restaurant in Großbritannien gearbeitet.

›Kreuz‹ aus Deutschland schloss seinen Laden und kam in den Donbass, weil er sich wie ein Mann fühlen wollte.

Vitali Yudin, genannt ›Tor‹, ist ein Motorradfahrer aus Kiew, der nach dem Sieg des Majdan auf seinem Motorrad hierherkam. Er ist zur Legende geworden. Als 15-Jähriger hatte er bei einer Demonstration ukrainischen Nationalisten eine russische Fahne entrissen und dafür eine Uhr mit der Widmung »Vom Präsidenten der Russischen Föderation« erhalten. Heute ist er 17 Jahre alt.

›Motorola‹ oder Arsen Pawlow, Kommandeur des ›Sparta‹-Bataillons, stammt aus Uchta. Zuvor hat er drei Jahre in einer Marineinfanteriebrigade als Verbindungsoffizier gedient, daher sein Spitzname. Er hat am Krieg in Tschetschenien teilgenommen und anschließend eine Ausbildung in der Bearbeitung von Granitplatten, Marmor und Polymerwerkstoffen absolviert.

Die entfernten Vorfahren von ›Vikernes‹ aus Brasilien waren Russen, und so hielt er es für angebracht, sein Heimatland zu verteidigen. Er trägt einen Gürtel der Roten Armee und hat ein Abzeichen der Roten Garde an seiner Jacke. ›Vikernes‹ ist Berufssoldat, hat in der französischen Fremdenlegion gedient und in Brasilien bei der Polizei gearbeitet.

›Texas‹ kommt aus Texas. Er landete in Rostow, fuhr mit dem Bus nach Donezk und meldete sich sofort beim ›Wostok‹-Bataillon. Er versteht sich als Kommunist.

Abdullah aus Afghanistan nahm als Kind an einem geheimen Programm der UdSSR teil. Waisenkinder, deren Eltern wegen ihrer kommunistischen Überzeugungen von den Taliban getötet worden waren, wurden von der Sowjetunion ausgebildet und darauf vorbereitet, die künftige afghanische Republik zu übernehmen. Als die UdSSR zusammenbrach, stand Abdullah als Vierzehnjähriger auf der Straße, aber er wollte Russland trotzdem seine Dankbarkeit zeigen.

Und warum zog Artjom, der in Russland in einem orthodoxen Pfarrhaus aufwuchs, in den Krieg?

»Auf unserem Planeten tobt ein Krieg zwischen Gut und Böse. Das Gute und die Gerechtigkeit werden von Russland repräsentiert, dem Fußschemel am Thron des Herrn und dem Reich der Gottesmutter Maria. Das Böse hingegen versucht, unsere Brüder zu vernichten, die mit uns durch die Nabelschnur der Kultur, des Geistes und der Familie verbunden sind.«

Zack Novak kommt aus den USA. Er glaubt, dass sie sich nach dem Sieg nicht ausruhen werden, sondern sich aufmachen werden, Amerika zu befreien.

Fjodor aus Iwano-Frankiwsk ist 19 Jahre alt. Er floh in den Donbass, weil er fürchtete, von der Ukraine mobilisiert zu werden. Vor dem Krieg isolierte er Hausfassaden, nach dem Krieg möchte er Berufssoldat bei der DNR werden.

Natalia aus Weißrussland, eine geschiedene Kauffrau, schämte sich, nur per Tastatur und Internet für den Donbass zu kämpfen. Also trampte sie in das Kriegsgebiet. Ihr Gewehr nennt sie Wasja.

Ivo Stejskal, aus Tschechien, ist gekommen, weil er auf sein Herz hörte:

»Hätte ich auf meinen Kopf gehört, wäre ich zu Hause geblieben«, scherzt er.

Er ist Sportlehrer. Er log seiner Familie vor, er wolle Freunde in der Ukraine besuchen. In zwei Monaten wird er tot sein.

Kyrill Neunow aus dem russischen Kamtschatka hörte vom Krieg gegen die Faschisten und machte sich auf den Weg. Er wollte helfen. Doch gleich zu Beginn seiner Reise wurde ihm sein ganzes Geld gestohlen, so dass er sich auf den Gleisen der Transsibirischen Eisenbahn auf den Weg nach Westen machte. Nach dreieinhalb Monaten erreichte er Donezk.

Unter den Ersten, die ankamen, waren Serben, Mitglieder der Legion des Heiligen Stephan aus Ungarn, Israelis und Osseten. Auch ein Bataillon Rumänen aus Bukarest leistete den Fahneneid.

Bartosz, ein Pole aus der neofaschistischen Organisation Falanga, stand Seite an Seite mit Italienern aus der antifaschistischen Organisation Millenium. In den ersten sechs Monaten zogen rund fünfunddreißigtausend ausländische Freiwillige nach Neurussland. Jeder kämpfte seinen eigenen Krieg, und die Trümmerlandschaft des Donbass sollte ihr Leben wieder in Ordnung bringen.

»Wohin jetzt?«, fragt uns der Junge mit dem übergroßen Helm am Eingang der ehemaligen Bezirksverwaltung noch einmal.

Nachdem wir durchsucht wurden, betreten wir die Eingangshalle. Auch hier herrscht revolutionäre Stimmung. Die Wände des beschlagnahmten Gebäudes sind mit roten Sternen bemalt, aus den Fenstern hängen russische Fahnen. Ukrainische Wörter auf Tafeln sind durchgestrichen und in russische Schrift umgewandelt, ukrainische Embleme übermalt, eine Karte des Donbass an der Wand ist mit der Aufschrift ›Russland‹ versehen. Im ganzen Gebäude ist von der ukrainischen Symbolik nur noch das Maskottchen der Europameisterschaft 2012 übrig geblieben, das noch niemand abgenommen hat.

Die EM-Maskottchen Sławek und Slavko waren in ihren Nationaltrachten auf die Tischdecken gestickt und umarmten einen Maulwurf, das Maskottchen des Schachtar Donezk. Doch Schachtar spielte damals nicht mehr in Donezk, sondern in Lwiw, was für die fanatischen Fans aus dem Osten eine echte Demütigung war. Der polnische Sławek wurde im Donbass zum

Söldner und der ukrainische Slavko wurde verächtlich Ukker oder Ukrop genannt.

Drinnen: volle Gänge, überall Schlangen. Für Sozialleistungen, für die Evakuierung.

»Ihr!? Schon wieder hier!?«

Jemand legt uns die Hand auf die Schulter. Wir drehen uns um und sehen das runde Gesicht des Professors Sergei Baryschnikow, der uns ein paar Monate zuvor, im Dezember, in der Kneipe Sarmata vom Revolutionär Artjom und seiner Donezker Republik erzählt hat.

»Und wie gefällt euch das alles, ihr Lieben?«, fragt er fröhlich. »Ihr seid wegen des Flugzeugs hier, ja? Oh, ich sage euch, meine Lieben, alle sagen, dass wir es nicht abgeschossen haben, und ich denke, vielleicht waren wir es doch. Ich schließe es jedenfalls nicht aus. Ich weiß von einem Buk-Raketensystem, das wir haben ... Aber so werden sie uns ernst nehmen. Sie werden nicht in unseren Raum, in unseren Himmel fliegen wie ... Hört zu, meine Lieben, Kiew hat die Luftkorridore nicht dichtgemacht. Mit der Vermietung der Luftkorridore kann man viel Geld verdienen, und sie wollten Geld verdienen. Wäre es nicht schmerzhaft gewesen, Geld zu verlieren? Und ein Menschenleben ist ihnen sowieso nichts wert. Ich will euch etwas zeigen, meine Lieben!«

Er greift in einen schwarzen Aktenkoffer. Darin hat er eine Pistole versteckt. Er hält sie uns vor die Nase, damit wir die eingravierte Inschrift lesen können: »Für Sergei Baryschnikow, Erster Abgeordneter der Union der Volksrepubliken Neurusslands.« Neurussland solle alle zukünftigen Republiken vereinen, die sich von der Ukraine abspalten würden, aber bisher gibt es nur zwei: Lugansk und Donezk.

»Nicht schlecht, oder? Jetzt muss ich zu einer Parlamentssitzung, aber, meine Lieben, ich werde euch alles erzählen.« Er steckt seine Waffe ein und rennt zur Tür, wie ein wirklich glücklicher Mann.

Wir steigen ein Stockwerk nach dem anderen hinauf, vorbei an Warteschlangen, Menschen mit Waffen und weißen Karten an den Türen, die die alten Büros der Beamten in nagelneue Hauptquartiere der Separatisten verwandelt haben. Hinter einer Tür mit einer weißen Karte, auf der »Stellvertretender Ministerpräsident der Volksrepublik Donezk« steht, wartet Andrei Purgin, Besitzer eines Baumarktes und Gründer der Organisation ›Donezker Republik‹.

Zwei Tage haben wir gewartet, bis er Zeit für uns gefunden hat. Seinen weißen Pullover hat er gegen ein weißes Hemd getauscht. Er schlürft Kaffee aus einer Tasse, die ihm seine Frau reicht, und lehnt sich bequem auf seinem Stuhl zurück, während wir auf zwei winzigen Hockern vor ihm Platz nehmen.

»Das Flugzeug?«, krächzt er. »Mit dem Flugzeug, ich sage es euch, wird es so sein wie mit dem Kennedy-Attentat. Bücher werden geschrieben, Filme gedreht, und doch wird niemand die Wahrheit erfahren. Da brennt die Erde, versteht ihr? Es ist Krieg! Wie sollen wir das untersuchen? Wir haben die Black Box abgegeben, aber glaubt ihr, dass jemand das Rätsel lösen kann? Holländische Pathologen sind gekommen und haben die Überreste mitgenommen, und jetzt haben wir drei Experten aus Australien hier. Für mich sind das Spione. Sie können mir nicht erklären, wofür sie Experten sind, also fahren wir sie hin und her. Sie laufen herum und tun so, als würden sie etwas suchen, dabei haben sie nur ein paar Wege zwischen den Rumpf- und Flügelresten ausgetreten.«

Wir fragen ihn, ob er sich den Staat, den er erfunden hat, ungefähr so vorgestellt hat.

»Nicht ganz«, er schüttelt den Kopf. Doch er bereue nichts.

»Wenn ich die Zeit zurückdrehen könnte, würde ich die gleichen Entscheidungen treffen. Ja, der Krieg hat meine Erwartungen schon gedämpft. Schließlich gibt es Tote, zerstörte Infrastruktur und kaputte Industrie. Vor uns liegt Arbeit, Opfer, Kampf. Im Krieg ist es schwer zu denken. Der Krieg dehnt sich immer weiter aus, auch über die Front hinaus. In Slowjansk wird jede Nacht geschossen, in Druzhkivka jede Nacht, in Kramatorsk sogar tagsüber. Kann man gleichzeitig aufbauen und kämpfen? Aber wir müssen kämpfen, denn die Ukrainer werden sich nur mit unserer bedingungslosen Kapitulation zufriedengeben. Versteht ihr nicht, dass man sich nicht die Hand abhacken lassen und dann weiterleben kann, als wäre nichts geschehen? Das Blut, das wir vergießen, wird alles verändern, nichts wird mehr so sein wie vorher. Blut ist ein emotionaler Faktor, der sehr lange wirkt. Wenn das Blut eines geliebten Menschen vergossen wird, steht der Mensch zunächst unter Schock und versteht nicht ganz, was geschehen ist. Aber sobald er es begriffen hat, kann er es nicht mehr vergessen und auch nicht verzeihen. Wegen dieses Blutes werden wir ihnen nie vergeben. Und sie werden uns nie vergeben. Und das ist gut so. Der Bürgerkrieg wird uns spalten, wir werden nicht mehr miteinander verbunden sein. Der Bürgerkrieg wird Irrationalität in unsere Politik bringen. Und selbst wenn sie gewinnen, glaubst du, dass diejenigen, die aus Donezk nach Russland geflohen sind, zurückkehren werden, um unter der Kiewer Regierung zu leben? Sie werden zurückkommen, um einen Guerillakrieg zu führen, sie werden Aufstände und Rebellionen ohne Ende organisieren.« Er füllt seinen Kaffee nach und verkündet, die Zeit zum Reden sei vorbei.

Mit einem Gesicht, aus dem jede Unsicherheit verschwunden ist, steht Sascha de Krog im Flur. Er lehnt an der Wand und rückt seinen Kalaschnikow-Gürtel zurecht, der ihm immer wieder von der Schulter rutscht. In seiner Hosentasche steckt eine Makarow-Pistole.

»Eine Trophäe«, erklärt er.

»Trophäe?«

»Eine Gruppe Ukker, ein kurzes Feuergefecht, ein paar Granaten. Es ist nicht schwer, eine Trophäe zu erbeuten. Schwieriger ist es, ein Gewehr zu bekommen«, sagt Sascha.

Das Gewehr, das er über der Schulter trägt, hat er sich bei einer Erkundungstour in der Umgebung von Schachtarsk gekauft. Hinter Rozsypne entdeckte er eine Gruppe Ukrainer. Er gab ihre Position an das Kommando durch und setzte seinen Weg fort. Man muss ihn ignoriert haben, denn auf dem Rückweg war kein Durchkommen mehr.

»Die Ukrainer waren überall, auf jeder Seite, und wir mussten uns unentdeckt durchschlängeln. Ich stieß mit einem Messer und hielt dem Opfer den Mund zu«, erklärt Sascha und zeigt, wie er zustach. »Das war wirklich schwierig. Denn wenn du schießt oder eine Handgranate wirfst, siehst du die Opfer nicht. Dann gehst du hin und schaust dir die Leichen an, aber die haben schon keine Seele mehr. Du kannst dir sogar einreden, dass nicht du sie getroffen hast. Und das Messer? Ein Messer ist etwas anderes, man überschreitet eine Grenze. Jemanden zu erstechen, ist psychisch sehr schwer.«

Aber Sascha, der CD-Verkäufer, ist offenbar ohne großes Zutun zum Killer geworden. Nach der ersten Schießerei ging er zurück zum Stützpunkt und trank einen doppelten Wodka, dann schoss er wieder, kam zurück, trank noch einen doppelten und ging schlafen.

»Ich bin mit Rambo und alten sowjetischen Filmen über den Vaterländischen Krieg aufgewachsen, deshalb habe ich wahrscheinlich eine andere Einstellung zum Krieg als die Militärprofis. Für sie ist es eine Pflicht oder ein Job, für mich ist es ein Abenteuer. Dass ich sterben kann? Das kann ich auch im Zivilleben. Den Stress und die Angst nach der Schlacht bauen wir ab, indem wir lachen und uns daran erinnern, wer sich wo versteckt hat, wohin er gerannt ist und wie er beschossen wurde. Dann haben wir unseren Enkeln was zu erzählen, wenn wir alt sind.«

Sascha ist jetzt für die Staatssicherheit zuständig, fahndet nach Saboteuren, überprüft Verdächtige und kontrolliert die Straßensperren an den Zufahrtsstraßen zur Stadt. Er war vor Ort, als die malaysische Boeing abstürzte.

»Was mich am meisten überrascht hat, war, dass sie nackt waren, mit abgerissenen Genitalien. Das ist sehr verdächtig. Und dass es keinen einzigen Tropfen Blut gab. Nur eine grüne Substanz, eine seltsam dicke Flüssigkeit. Und nirgendwo, absolut nirgendwo, habe ich zerbrochene Teller gesehen.«

»Wovon sprichst du? Was für Teller?«

»Gibt es denn im Flugzeug keine Teller?«

Wie wurde Donezk zur belagerten Separatistenhochburg?

Nach dem Sturz von Präsident Janukowitsch im Februar 2014 brodelte es im Donbass.

Pawel Gubarew, Inhaber der Werbeagentur Patison, erkannte die Zeichen.

»Es ist nur eine Frage der Zeit, bis sie anfangen, uns umzubringen«, sagte er. »Reißen sie nicht schon die Lenin-Denkmäler ab? Bald werden auch die Denkmäler für die Helden des Großen Vaterländischen Krieges fallen, und dann werden sie uns angreifen.«

Das ukrainische Parlament, die Werchowna Rada, hat gerade ein Gesetz verabschiedet, das das Recht auf Regionalsprachen abschafft. Das Ziel ist in erster Linie Russisch, aber auch andere Sprachen sind betroffen. Obwohl der amtierende Präsident Oleksandr Turtschynow schnell sein Veto einlegte, reichte dies aus, um die erste Welle der Hysterie auszulösen. Prorussische Organisationen, paramilitärische Verbände und Separatisten blickten neidisch auf die von Russland annektierte Krim und versuchten, aus dem Fieber und der öffentlichen Erregung Kapital zu schlagen.

Sascha de Krog handelte bis zum Ende des Winters auf dem Basar mit CDs, dann versammelte er eine Kolonne von dreihundert Leuten und schlug seine Zelte auf dem Leninplatz auf. Das war sein Marschlager, und von dort aus zog er zum Gebäude der Bezirksverwaltung an der Kreuzung Puschkin- und Schewtschenko-Straße. Statt Euromajdan-Anhängern versammelten sich hier prorussische Organisationen und Separatisten aus der ›Donezker Republik‹ Andrei Purgins.

Der stellvertretende Bürgermeister Sergei Bogatschow schaute aus dem Fenster und wusste nicht, was er tun sollte. Statt abends Krimis zu schreiben, musste er sich mit Anfragen und Beschwerden befassen. Er war Anhänger des ehemaligen Präsidenten und unterstützte einige der Forderungen, aber nicht alle. Er fühlte sich in der Klemme. Und aus der Hauptstadt kamen keine Anweisungen von der neuen Regierung. Das Chaos wuchs. Demonstranten stürmten die Stadtratssitzungen und forderten zunächst die Föderalisierung der Ukraine, bald aber auch den Anschluss des Donbass an Russland.

Pawel Gubarew war bereits dabei, eine Volksbewegung im Donbass zu gründen, die ›Opolenie‹. Unterstützt wurde er dabei von Freunden aus einem Boxverein und aus der Geschichtsfakultät. Die Boxer sorgten für den Schutz der Demonstration, die Historiker für die Propaganda. Gubarew hob Geld von seinem Pation-Konto ab, etwa vierzigtausend Dollar, mit denen er Wohnungen anmietete, Druckmaschinen, Waffen und Treibstoff kaufte. Er druckte einen Aufruf: »Brüder und Schwestern! Machen wir uns nichts vor, in der Ukraine findet gerade ein Staatsstreich statt. Unsere Stadtväter, Bürgermeister Lukjantschenko und Bogatschow, warten ab und sagen nicht klar, auf welcher Seite sie stehen. Wir, die Bevölkerung von Donezk, müssen Druck ausüben. Ziehen wir zu Zehntausenden vor das Gebäude der Bezirksverwaltung!«

So viele waren es dann zwar nicht, aber es kamen immer mehr Menschen zu den Demonstrationen. Professor Sergei Baryschnikow, die Schriftsteller Fjodor Beresin und Georgi Sawizki kamen, und die arbeitslose Irina Barybina skandierte »Putin, Putin, Russland!«, bis ihr die Stimme versagte und sie zu weinen begann.

»Russen vorwärts!«, rief die Menge. »Der Donbass ist Russland!«

Russische Fahnen wehten, Wut und Euphorie waren in den Rufen zu hören. Die Punkband Den Triffidov sang ein Lied über den »stolzen Donbass« (das später als ›Steh auf, Donbass!‹ zur Hymne der DNR werden sollte).

Dima von der Band wirkte begeistert:

»Zerstört dieses künstliche Ding namens Ukraine! Donbass gehört zu Russland, groß und unteilbar! Ein Reich der Gerechtigkeit auf den Grundfesten der Wahrheit! Ein Leuchtfeuer für die ganze Menschheit!«, brüllte er.

Und die Ereignisse nahmen an Fahrt auf:

Pawel Gubarew wurde zum Volksgouverneur gewählt und verkündete seine Forderungen (»Alle Macht dem Volke des Donbass«, das heißt ein Referendum abhalten und russische Pässe für die Willigen ausstellen).

Die Menge stürmte das Verwaltungsgebäude und zertrümmerte den Haupteingang. Die Angreifer rissen den Milizionären die Schilde aus der Hand, schlugen ihnen die Helme vom Kopf, sprengten die Hintertür und kletterten durch die Fenster. Doch dann zogen sie sich schnell zurück. Niemand wollte ihnen Reifen und Sand für die Barrikaden verkaufen, die Boxer kamen mit der Miliz nicht zurecht, und der Mann, der ihnen Metallsägen liefern sollte, wurde verhaftet.

Die Behörden verhafteten auch einige Aktivisten, darunter Gubarew. Doch schließlich wurde das Rathaus erobert: Die mit KamAZ-Lastwagen versperrten und mit Stacheldraht umwickelten Tore wurden gestürmt. An diesem Tag leistete die Miliz nicht einmal Widerstand. Sie legte ihre Waffen nieder, und die Angreifer, die Sturmhauben oder medizinische Masken trugen (denn Sturmhauben waren knapp), bewaffnet mit Schlagstöcken und einer Metallsäge inklusive Stromgenerator, durchtrennten die Gitter. Mitglieder der ›Donezker Republik‹ von Purgin und der paramilitärischen Formation ›Oplot‹ von Alexander Sachartschenko besetzten das Gebäude.

Diejenigen, die als Erste die Stühle im Sitzungssaal besetzten, wurden die neuen Machthaber. Sie verkündeten eine Unabhängigkeitserklärung und riefen ein Referendum aus. Im Halbdunkel des Sitzungssaals der ehemaligen Bezirksverwaltung wohnte Sergei Baryschnikow der Proklamation der Donezker Volksrepublik bei. Währenddessen stürmten andere die Waffenlager und Geschäfte (in einem Waffengeschäft erbeuteten sie achtunddreißig Gewehre und Pistolen vom Typ MKM Majak, SKS und AKM sowie dreitausend Schuss Munition). Aus dem Waffenlager bei Wolodariwka nahmen sie Gewehre aus dem Ersten Weltkrieg mit. Sie leerten die Bestände der Miliz und der Armee. Ganze Ämter und Behörden gingen auf die Seite der Separatisten über, neue Ministerien wurden gegründet. Beamte, die mit der neuen Ordnung nicht einverstanden waren, flohen nach Kiew. Auf den Straßen entstanden Stützpunkte und Barrikaden.

In der Schule brauchte Igor Girkin nur eine Karte in die Hand zu nehmen und schon konnte er jede historische Schlacht genau nachzeichnen. Wann rückten die Panzer vor? Wo verschanzte sich die Infanterie? Er kannte die Uniformen jeder Epoche bis aufs kleinste Detail. Später studierte er Geschichte und las am liebsten Bücher über Kriege. Er interessierte sich für Reenactments. Er verkleidete sich als Soldat des Ersten Weltkriegs und des Russischen Bürgerkriegs, stellte Schlachten des Großen Vaterländischen Krieges und der Napoleonischen Kriege nach. Zu Hause hatte er auch eine Waffensammlung, darunter stolze drei Maksim SMGs, und handelte mit Bajonetten und alten Schusswaffen. Aber seine Fantasie war unersättlich. Am Tag nach seiner Abiturprüfung meldete er sich freiwillig. Er ging nach Transnistrien, dann nach Bosnien. In Tschetschenien war er Soldat auf Zeit.

In Bosnien erschoss er das erste Mal einen Menschen. Er stützte sich auf sein Knie und spuckte lange Salven aus seiner Waffe. Es ging alles überraschend gut. In Tschetschenien verschwanden die von ihm verhafteten und verhörten Personen spurlos. Er begann, für den Föderalen Sicherheitsdienst Russlands zu arbeiten.

In seiner Freizeit schrieb er Kindergeschichten und Gedichte. Aus dem Gedicht *Eine Mahnung an mich selbst*:

Warte nicht auf einen Befehl!
Sitz nicht da und versteck dich hinter dem Frieden!
Geh vorwärts! Durch Wind und Regen,
durch Schneesturm, der heult wie ein Wolf!
Verzichte auf Bequemlichkeit und Komfort,
solange du noch jung bist – mach dich auf den Weg!
Zeit zum Ausruhen hast du genug,
wenn sie dich begraben! [...]
Was auch immer die Zukunft bringt –
im Guten oder im Schlechten.
Denke daran, dass deine Taten
nur Gott beurteilen kann!

Man nannte ihn ›Strelkow‹. Er hatte gerade an der Annexion der Krim teilgenommen und dort die Einnahme des Flughafens von Simferopol geleitet. Als der Aufstand im Osten ausbrach, wandten sich Delegierte aus Donezk an ›Strelkow‹ auf der Krim, um sich beraten zu lassen.

Später wurde er von Jekaterina, der Frau von Pawel Gubarew, empfangen. ›Strelkow‹ erklärte, was zu tun sei: Waffen sammeln, Proteste in der ganzen Region organisieren und warten, bis er mit den Truppen kommt. Währenddessen kochte der Donbass über, die Behörden verlangten fünfzig- oder zweihunderttausend Dollar für die friedliche Übergabe der Städte, aber die Separatisten nahmen sie sich sowieso, mit Gewalt.

›Strelkow‹ machte sich mit einer Truppe von 52 Mann auf den Weg in den Donbass. Er plante, sich eine mittelgroße Stadt auszusuchen und dort zunächst die Macht zu übernehmen. Die ›Strelkows‹ marschierten kilometerweit, schmutzig und durchnässt, jeder mit zwei Gewehren und Munition beladen. Sie waren schwach, deshalb ließen sie auf dem Weg vieles liegen. Die Donezker warteten in einem Lastwagen der Neuen Post. Es dauerte sehr lange, bis sie sich eingefunden hatten. Die Donezker waren immer noch misstrauisch und hofften, dass alles wie auf der Krim ablaufen würde, schnell und ohne Schüsse, aber ›Strelkows‹ Männer hatten schon Blut geleckt: »Es wird viel Blut fließen«, hörte man sie murmeln. Nach reiflicher Überlegung beschloss ›Strelkow‹, nach Slowjansk zu marschieren.

Gleichzeitig wurde in Donezk eine Regierung gebildet:

Außenministerin: Jekaterina Gubarewa, Ehefrau von Pawel Gubarew,

Stellvertretender Ministerpräsident: Andrei Purgin,

Verteidigungsminister: ›Strelkow‹,

Alexander Sachartschenko: Militärkommandant von Donezk.

Ministerpräsident wurde Alexander Borodai, russischer Staatsbürger und Generalmajor des russischen Föderalen Sicherheitsdienstes. Professor Baryschnikow wurde Mitglied des Parlaments der DNR und des Parlaments von ganz Neurussland. Die neue Regierung übernahm die Flagge und das Emblem der DNR von der Organisation ›Donezker Republik‹. Das Emblem Neurusslands mit dem Slogan ›Wille und Arbeit‹ wurde vom Außenminister persönlich entworfen. Und dann kam das Referendum über die Unabhängigkeit. Zwischen Barrikaden und im Schatten von Gewehrläufen strömten die Einwohner zu den Wahllokalen.

Mitglieder der Spezialeinheit ›Alpha‹, die zuvor an der Niederschlagung der Proteste auf dem Majdan teilgenommen hatten (»Aber wir haben auf niemanden geschossen«, sagten sie, »riecht an den Gewehrläufen, sie riechen nicht nach Schießpulver«), konnten sich in der Zwischenzeit in einem zerschossenen Bus in die Stadt absetzen. In der Ukraine gewann der Schokoladenmagnat Petro Poroschenko die Präsidentschaftswahlen (in Donezk hingegen zertrampelte eine Gruppe von Einwohnern eine Ladung seiner Süßwaren). Die ersten Flüchtlinge kamen aus Slowjansk, wo ›Strelkow‹ bereits die ukrainische Armee geschlagen hatte. Einige hatten tagelang nichts gegessen und wurden von Cafés und Restaurants in Donezk versorgt.

Der aus dem Gefängnis entlassene Pawel Gubarew (er wurde gegen ukrainische Kriegsgefangene ausgetauscht) organisierte den Nachschub für Slowjansk, spendete Waffen und schickte täglich dreißig Mann an die Front. Als Slowjansk fiel, zog ›Strelkow‹ mit seinen Truppen nach Donezk. Donezk war damals noch eine ruhige Stadt, die Menschen sonnten sich am Fluss, saßen in den Cafés.

»Hinter ›Strelkow‹ kam schon die ukrainische Armee auf uns zu. Und ›Strelkow‹ erwartete nur eines von mir«, erinnert sich Bogatschow. »Dass wir Brücken abreißen und Donezk in eine Festung verwandeln. Ich war damit nicht einverstanden und ging.«

Die Ukraine forderte die Einwohner auf, die Stadt zu verlassen. (Wie sollen wir das machen?, Wie stellen die sich das vor?, fragten die Menschen.) Und am Flughafen von Donezk begannen die Kämpfe. Man glaubte immer noch nicht, dass es wirklich passierte. Müllmänner fuhren zum Flughafen, um aufzuräumen, während Kugeln durch die Luft zischten; ein Gartenarbeiter mähte das Gras im Park, Kopfhörer auf den Ohren, um nichts zu hören.

Der Unternehmer Enrique Menendez druckte in seinem Büro Zettel mit der Aufschrift ›Kinder‹, um die Autos zu kennzeichnen, mit denen behinderte Kinder aus der Stadt gefahren werden sollten, als er eine Explosion hörte und der Rauch bis in den siebten Stock stieg. Auf der Straße sah er zum ersten Mal in seinem Leben einen toten Menschen, in einer Blutlache, von Granatsplittern zerfetzt.

Neue Wohnhäuser, Einkaufszentren, Cafés, Smartphone-Werbung und mittendrin Rauch und Kugeln. Einige wussten, was zu tun war, sie bauten Schutzbunker, suchten Unterschlupf in Badewannen und Kellern. Andere fühlten sich hilflos, brachen zusammen oder gingen auf die Straße, um die Bombardierung auf Video aufzunehmen.

Beamte und Lehrer fragten in der Hauptstadt nach, was zu tun sei: Eine Schule hatte vom Ministerium die Anweisung erhalten, eine Feier zum Gedenken an den Holodomor abzuhalten. Eine Granate schlug in einen Flügel einer psychiatrischen Klinik ein, die Evakuierung wurde angeordnet: Von den Patienten war keine Rede, nur die Ärzte flohen. Zuvor hatte sich ein Patient mit bloßen Händen auf einen separatistischen Stützpunkt gestürzt; er wurde auf der Stelle erschossen. Delegationen reisten nach Russland, um Unterstützung und Waffen zu bekommen. Waffen waren Mangelware, einige rannten mit Paintball-Pistolen auf die Barrikaden. Andere holten sich Waffen aus militärischen Einrichtungen und Kasernen.

Immer mehr Barrikaden und Vorposten umgaben Donezk. Der Versorgungsleiter Pawel Gubarew notierte: ›Zarja‹ – 20 Platten und 10 Betonblöcke, zwei Ladungen Sand; ›Kalmius‹ – 10 Platten, 20 Blöcke, Bagger, Kran; ›Siwy‹ – 5000 Säcke, 7 Ladungen Sand, 20 Blöcke, 20 Platten; ›Abwer‹ – 5 Ladungen Sand, 1500 Säcke. ›Koreaner‹ – ein Kran und ein Bagger für einen Tag.

Im Sommer erreichte der Krieg die Vororte der Stadt.

Aber der echte Krieg ist anders als in der Fantasie.

Fjodor Beresin schaut aus dem Fenster. Anfänglich wollte er nach Russland fliehen, doch er besann sich und beschloss, der Held seines eigenen Romans zu werden. Major Killermann, die Hauptfigur seines Buches *Die Ukrainische Front. Rote Sterne über dem Majdan*, stellt sich dem Kampf gegen den Feind schließlich auch. Beresin ging also kämpfen, zuerst nach Slowjansk, als einfacher Gefreiter bei der Volksmiliz. Dort wurde er von ›Strelkow‹ erkannt, der ein großer Liebhaber von Fantastik-Romanen war und seine Bücher gelesen hatte. Er ernannte Beresin zum stellvertretenden Verteidigungsminister der Volksrepublik Donezk und später zum Kommandanten von Donezk.

Überall fehlte es an Waffen, also befahl Beresin, die Panzer von den Denkmälern herunterzuholen. Zwar verfügten sie über keine Motoren mehr, doch bei einer Barrikade aufgestellt sollten sie dem Feind Angst einjagen. Beresin verhaftete Deserteure und hatte sogar vor, Awdijiwka zu stürmen. Er machte sich Sorgen, ob die Republik nicht von Russland abgeschnitten werden würde.

Derweil half er auch dabei, das Archiv von Arkadi und Boris Strugazki, das bislang in Donezk von der Redakteurin Swetlana Bondarenko aufbewahrt wurde, nach Russland zu überführen (die Handschriften landeten in Petersburg). Als viele seiner Männer in Marjinka gefallen waren und man nur ihre Decknamen kannte, ließ er die Leichen in anonymen Gräbern bestatten.

Zu seinen Aufgaben gehörte auch die Versorgung und der Kontakt zur Industrie. Zu den Fabrikleitern pflegte er zu sagen: »Arbeitet besser für uns, sonst gibt es keine Arbeit mehr für euch!« Er verlangte, dass das Stahlwerk Haubitzen produzierte, und als man nicht auf ihn hörte, weil aus Charkiw die Anweisung kam, das Werk solle nichts tun, entließ Beresin den Direktor und sperrte einige andere vorsichtshalber in den Keller: Sie könnten etwas Zeit zum Nachdenken gut gebrauchen.

»Und dann, stellt euch vor, fingen sie doch an, für mich die Haubitzen zu produzieren. Wir bestücken die KamAZ-LKW mit Sandsäcken und so bekommen wir gepanzerte Fahrzeuge. Wir reparieren auch das eroberte Kriegsgerät der Ukros. Aus drei beschädigten Teilen machen wir ein funktionstüchtiges.«

Der Schriftsteller Georgi Sawizki meldete sich in einer Schutzweste, mit Helm und Verbandsmaterial zur Stelle:

»Ich heiße Georgi Sawizki. Ich kenne mich mit Medizin ein bisschen aus, ich habe Biologie in Donezk studiert. Wunden nähen und verbinden habe ich von einem Kumpel, einem Arzthelfer, gelernt.«

»Du wirst Sanitäter.«

Der Protagonist seines *Schlachtfeld Ukraine. Die zerbrochene Trysub*, ein junger Pilot namens Oleg Schtscherbina, meint, bis vor kurzem habe er in einem Land ohne Ideale gelebt. Es zähle nur das Geld. »Sein ganzes Leben lang war er ein ehrlicher Mann, aber das hat ihm immer nur Probleme beschert. Schließlich zog er sich mit seinen Büchern zurück.« Eines Tages kam dann der Krieg und Oleg konnte ein Held werden.

Sawizki spürte Angst. Deshalb ließ er sich auf den Krieg ein. Er hatte Angst, dass die Ereignisse, die er beschrieben hatte, wahr würden. Dass man eines Tages mit einem Maschinengewehr an seiner Tür klopfen würde. Damit das nicht geschehen würde, nahm er selbst ein Maschinengewehr in die Hand.

»Das waren besondere Momente«, erzählt er.

Er arbeitete damals in Makijiwka, kam jeden Tag nach Hause, aß schnell zu Abend, duschte, zog sich seine Schutzweste mit dem roten Kreuz über, schnappte seinen Helm und das Verbandszeug und lief zu den Jungs aus dem Bataillon, mit denen er bis zum Morgen zusammensaß.

Er behandelte auch die Verwundeten auf der anderen Seite. Er nähte aufgeplatzte Köpfe und zerschnittene Hände wieder zusammen. Und wenn er gerade frei hatte, schrieb er. Die Emotionen trieben ihn an – er schrieb schnell und viel. Wollte alles sofort notieren. In einem Jahr schrieb er vier Bücher. Eins davon stellte er gerade in jener Nacht fertig, als ›Strelkow‹ aus Slowjansk floh. Die Separatisten hatten damals Angst gehabt, zu verlieren. Um fünf Uhr dreißig morgens setzte Sawizki einen Punkt hinter den letzten Satz und lief zum nächsten Internetcafé, um seinem Verleger die Datei zu schicken.

Gleb Bobrow, der Autor von *Ukraine im Krieg. Die Zeit der Totgeborenen*:

»Dass meine Bücher Realität wurden, begriff ich am zweiten Juni 2014 genau um 14:58 Uhr. Ich ging gerade zur Bezirksverwaltung in Lugansk, wo ich zu einem Termin verabredet war. Da flog plötzlich ein ukrainischer Kampfjet über meinem Kopf. Kugeln durchsiebten die Erde. Mir wurde sofort klar: Die Zeit der Totgeborenen hat begonnen.«

Sein Protagonist heißt Derkulow und ist wie Bobrow ein Soldat der Reserve, der in Afghanistan gekämpft hat. Auch er »sieht aus wie fünfzig, oder so in etwa« und ist Journalist. Als der Krieg anfängt, stellt er eine kleine Truppe zusammen und wird zum Experten für allerlei ›Missions Impossible‹. Er entführt Feinde, verurteilt und bestraft sie durch Pfählen. Derkulow wird zu Dracula.

Bobrow zog aber keine Soldatenuniform an. Er fuhr als Journalist an die Front und klebte einen weißen Zettel mit der Aufschrift GRUZ-200 an die Windschutzscheibe. Er half den Veteranen aus Afghanistan bei der Exhumierung von Leichen. In Nowoswitliwka gruben sie sechs Gefallene aus, die sie später den Ukrainern übergaben. Über das Leichenhaus, in das man die schwarzen Säcke brachte, die schnell bis zur Decke reichten, dachte er: So sieht die Hölle aus. Und als er im Netz die Fotos von ukrainischen Soldaten anschaute, war er sich sicher, dass unter ihnen polnische Söldner zu sehen sind. Genau so hatte er es in seinem Buch beschrieben.

Derweil hat die ukrainische Opposition im separatistischen Donezk graue Haare – wenn auch blond gefärbt –, trägt eine weiße Bluse und eine rote Korallenkette. Sie ist ganz allein und schaut sich genau unsere Kaffeemilch an, die wir ihr servieren. Ist das wirklich Milch? Haben wir nicht etwas hineingeschüttet? Denn wer würde alle aus der Gefangenschaft herausholen, wenn wir sie vergifteten?

Sie schaut in den Becher, legt ihre Korallenkette zurecht und weint. Die gesamte ukrainische Eine-Frau-Opposition ist einundsiebzig Jahre alt und heißt Soja Andrijiwna. Sie ist Mathelehrerin an der örtlichen ukrainischen Schule und Vorsitzende der ukrainischen Nationalisten aus Donezk. Sie war es auch, die eine kastanienbraune Perücke aufsetzte, auf die Demos von Andrei Purgin ging und dann bei der Staatsanwaltschaft Bericht erstattete. Jetzt führt sie eine Verschwörung gegen die gesamte Volksrepublik Donezk an. Sie ist die Einzige, die noch geblieben ist, und muss vorsichtig sein. Im Netz hat sie sich von Soja in Halina umbenannt. Seitdem jemand in der Nacht versucht hat, die Tür aufzuhebeln, übernachtet sie auch nicht mehr zu Hause. Nur wofür das ganze Versteckspiel, wenn ihr auf den Straßen immer wieder jemand zuwinkt und sagt: »Guten Morgen, Soja Andrijiwna, wie geht es Ihnen?«

Als sie durch Donezk geht, wo gerade die Verwaltung wechselt, aber auch die Fahnen und sogar die Gedenktafeln auf den Mauern der Häuser plötzlich andere werden, erinnert sie sich an eine andere Stadt. Ihre ältere Schwester wurde 1936 in der polnischen Stadt Stanisławów geboren, sie selbst 1943 in der deutschen Stadt Stanislau, und ihre jüngere Schwester 1944 in Stanyslawiw. Auch das war ein und dieselbe Stadt, die dann noch in den Sechzigern plötzlich Iwano-Frankowsk hieß, zu Ehren des Dichters Iwan Franko, der übrigens in keinster Weise mit der Stadt verbunden war.

Soja Andrijiwna trinkt heißen Kaffee in unserer Küche und erinnert sich an die Tage kurz vor der Katastrophe. Die am zahlreichsten besuchten Demos der Anhänger des Euromajdan waren immer sonntags nach der Messe, erzählt sie. Ihre Schüler waren dabei, ein paar Studenten, Schenja, Dimka Tscherniawski und der Pastor der Pfingstbewegung, Serhij Kosiak.

»Keiner hat uns je angegriffen«, sie rührt den Kaffee um. »Alte Frauen schrien nur, wir seien Banderisten. Die anderen klagten, wir würden bestimmt gleich Russisch verbieten. Doch es war ja die ukrainische Sprache, die hier entwürdigt wurde. Es gab nur eine einzige Zeitung auf Ukrainisch, der Stadtrat tagte immer auf Russisch. Doch dann tauchten bei den Demos plötzlich irgendwelche Halbstarken auf. Und auch die von der ›Republik Donezk‹ von Purgin. Es schaukelte sich alles hoch. Die bewarfen uns mit Tomaten, mit Äpfeln, Kefir, Eiern. An einem Tag war der Boden komplett mit einer dicken Schicht Schalen bedeckt.«

Während einer Demo im März fuhr ein Auto vor und es wurden hölzerne Stöcke verteilt. An diesem Tag kamen sechsunddreißig Menschen ins Krankenhaus und Dima Tscherniawski wurde mit einem Messer niedergestochen. Von nun an entschied sich Soja, sie würde auf keine Demos mehr gehen. Die Anderen gingen ab jetzt ohne sie demonstrieren.

»Und da wurde auch Schenja entführt«, sie drückt so stark an ihrer Korallenkette herum, dass ihre Hand weiß wird.

Sie fand ihn im Krankenhaus, wusch und trocknete ihn ab. Man dachte, sie sei seine Mutter. In dieser Zeit entschloss sie sich, sie würde niemanden mehr alleine lassen. Nachdem Schenja geschlagen wurde, konnte er nicht sprechen, er hörte nur zu. Als er sich wieder erholt hatte, erzählte er, dass er von einem Mann mit einer Kalaschnikow befragt wurde: »Bist du ein Banderist?« Aber er konnte zu dem Zeitpunkt bereits nicht mehr sprechen, er schwieg. »Bist du ein Banderist?« Sie wussten zwar mittlerweile, dass er nicht mehr sprechen konnte, doch sie schlugen ihn weiter. »Bist du ein Banderist?« ...

Als die Separatisten Ämter besetzten und die Geburtsstunde eines neuen Staates ausriefen, fingen die echten Repressalien an. Die Leiche von Wolodja Rybak aus Slowjansk, einem Mitglied der Selbstverwaltung und Angehörigen der Allukrainischen

Vereinigung ›Vaterland‹, wurde an Land gespült. Zuvor hatte Rybak die Fahne von Donezk von einem Mast runtergeholt.

Das Schlimmste kam, nachdem die ukrainische Armee mit dem Angriff begonnen hatte. Als Rache floss Blut. Einer verbrannte im Auto, ein anderer wurde angeschossen, sieben weitere wurden entführt, der Rest reiste aus. Die Stadt wurde immer leerer und am Ende blieb vom gesamten Majdan in Donezk eben nur Soja.

»Ich werde oft gefragt, wann ich denn ausreise. Doch ich kann nicht ausreisen. Es gibt weiterhin Menschen, denen ich helfen muss. Ich habe schon dreihundertfünfzig Gefangene zusammengezählt. Ich habe Beziehungen. Überall kenne ich jemanden. Oder ich kenne jemanden, der jemanden kennt. Meine ehemaligen Schüler helfen mir. Wenn sie etwas hören, sagen sie es mir weiter.«

Soja macht, was sie kann. Doch die Zeit läuft ihr davon. Jeden Tag kommt ein neuer Name hinzu, jeden Tag wird eine weitere Person vermisst. Soja leidet an Gewissensbissen. Sie hätte so viel mehr tun sollen!

»Im April haben sie einige Studenten direkt von unserem Treffen mitgenommen«, erzählt sie, »und dann haben sie sie die ganze Nacht gefoltert. Am Morgen konnten wir sie mit Hilfe eines Bekannten aus dem Amt befreien. Einer hatte einen gebrochenen Arm, ein anderer eine Schädelfraktur, ein dritter konnte auf einem Auge nichts mehr sehen. Wir lassen euch gehen, weil man uns darum gebeten hat«, bekamen die Schüler zu hören, »aber wir werden euch finden.« Damals, als die Schulen noch in Betrieb waren, wurde ein Kollege von mir, ein Doktor der Psychologie, entführt; man ließ ihn mehrere Tage mit einem Sack über dem Kopf dasitzen. Dann wurde er nach Hause entlassen, aber dort war alles weg, alles war für die DNR-Truppen beschlagnahmt worden. Auch der Vorsitzende von Proswita wurde im Juni in Lugansk verhaftet. Ein kranker Mann, nach zwei Schlaganfällen, 64 Jahre alt. Die Familie wurde über seinen Tod informiert, seine Schwester und seine Schwiegermutter kamen, um seinen Leichnam abzuholen, aber sein Name stand nicht auf der Totenliste. Ich fand heraus, dass er inhaftiert war. Es gelang mir, ein Telefongespräch zu arrangieren. Alles, was er tun konnte, war, nach dem Namen seiner Enkelin zu fragen, denn das Mädchen war geboren worden, als er im Gefängnis saß. Eine Sache, bei der ich mir wirklich Vorwürfe machen muss: Da ist dieser Zaytsev, ein Leiter bei Proswita. Er lebte auf dem Land, seine Frau unterrichtete Literatur und Russisch. Als sie eines Tages zur Arbeit kam, saß ein kleiner Junge im Klassenzimmer, eingewickelt in eine russische Fahne. Sie sagte zu ihm:

»Die Schule ist keine Demonstration, nimm die Fahne ab, mein Junge.«

Der Junge beschwerte sich bei seinem Vater, der in der DNR war. Der Vater ging zu Zaytsev und schlug dessen Frau. Sie riefen mich an und fragten, ob ich ihnen bei der Flucht helfen würde. Warten wir ab, sagte ich ihnen, vielleicht beruhigt sich die Lage? Sie organisierten eine Selbstverteidigungsgruppe im Dorf, doch jemand verriet sie. Nach einem der Treffen war der Gastgeber auf dem Heimweg, als ein Auto anhielt und er in den Kofferraum geworfen wurde. Später fand man ihn in einem ausgebrannten Auto in einem Wald in der Nähe von Lugansk. Noch am selben Tag rief mich Zaytsevs Sohn an. »Soja Andrijiwna, sie greifen uns an!« Ich hörte einen Knall, als hätte ihm jemand das Telefon aus der Hand gerissen. Zaytsevs Vater rannte über den Balkon auf das Dach, und die, die dort waren, schossen auf ihn und bliesen ihm das Ohr weg. Aus dem Haus kamen die Schreie der Frau, und schließlich ging er hinunter, um sie zu beschützen. Die Separatisten schlugen sie, eine Russischlehrerin, und schrien:

»Für dein ›Slava Ukrainie‹!« (Sie selbst hat diese Form der Begrüßung nie verwendet.)

Erst als Nachbarn zu Hilfe kamen, konnten die Zaytsevs fliehen. Das lässt mir keine Ruhe. Ich kann nicht aufhören, darüber nachzudenken, dass die Separatisten Zaytsevs Haus nicht angezündet und die Familie nicht überfallen hätten, wenn ich ihnen geholfen hätte, wenn sie das Treffen nicht organisiert hätten. Letzten Freitag haben wir einen weiteren Menschen verloren, Peter, zu dem ich seit drei Tagen keinen Kontakt mehr hatte, die Tür stand offen, die Hunde liefen frei herum. Und auch Serhiy Kosiak, ein Pastor der Pfingstgemeinde Gottes, wurde entführt.«

Das geschah mit Pastor Kosiak: Vertreter der Orthodoxen, Katholiken, Protestanten und der Griechisch-Katholischen Kirche gaben eine Erklärung ab, in der sich die Kirchen für die ukrainische Einheit aussprachen und die Gläubigen aufriefen, für den Frieden zu beten. Der Pfarrer leitete einen Gebetsmarathon auf dem Verfassungsplatz, vierhundert Meter vom Leninplatz in Donezk entfernt. Dort stellte er ein Zelt mit einem Schild auf: Wir beten für Frieden, Liebe und Einheit der Ukraine. Als die Separatisten ihn aufforderten, den Platz zu verlassen, zog er ein paar Dutzend Meter weiter. Obwohl seine Transparente zerstört wurden und sein Zelt im Fluss Kalmius landete, nahm er die ukrainische Fahne nicht herunter.

Ein Gemeindemitglied und Freund des Pastors gab ihm manchmal Tipps, was die Behörden vorhatten. Als das Zelt wieder einmal zerstört wurde, ging Pastor Kosiak zu ihm, um mit ihm zu sprechen. Ein zweites Gemeindemitglied, ebenfalls Mitglied der DNR, sah ihn. Er denunzierte den Pastor als ukrainischen Nationalisten, daraufhin wurde er verhaftet.

»Ich habe mir damals die Kellerräume angesehen, in denen eine dicke Schicht scharlachroter Sand auf dem Boden lag«, erzählt uns der Pastor. »Klebrig und blutgetränkt, gestreut, damit die Böden nicht jeden Tag gewaschen werden mussten.«

An der Tür des Raumes hing ein Zettel: NKWD. Es gab Hämmer, Knüppel, Drähte. Manche hinterließen keine Spuren am Körper, andere zerrissen Muskeln und Gewebe. Sie suchten auf den Social-Media-Profilen des Pastors nach verdächtigen Fotos. Wenn sie etwas fanden, das ihnen nicht gefiel, schlugen sie härter zu. Sie banden ihm gelbe und blaue Bänder um Hals und Hände und drohten, ihn daran aufzuhängen. Sogar eine junge Frau kam einmal und fragte: »Darf ich auch schlagen?« Ein drittes Gemeindemitglied sah den Pfarrer zufällig. Zuvor hatte dieser Mann die Fahne selbst aus dem Zelt entwendet, nun ging er zum Kommandanten und beteuerte die Unschuld des Pastors.

Als Kosiak freigelassen wurde, verlegte er sein Zelt vierzig Meter weiter und hängte statt der gelb-blauen ukrainischen Fahne ein Plakat mit gelbem Weizen und blauem Himmel auf. Doch als ›Strelkow‹ mit seinen Truppen in Donezk einmarschierte, mussten die Gläubigen untertauchen. Sie versammelten sich in Privathäusern. Schließlich gab die DNR-Behörde eine Liste der im neuen Staat erlaubten Religionen heraus. Die Pfingstler von Pastor Kosiak standen nicht auf dieser Liste, also verließ er die Stadt.

»Wenn du anrufst und nach jemandem fragst, auch wenn du ein Niemand bist, erhöht sich die Chance, dass sie die Person gehen lassen. Niemand mag es, wenn man ihn zwingt, sich zu erklären und darüber nachzudenken, was er auf dem Gewissen hat. Deshalb rufe ich an und frage, denn wenn niemand nach dir fragt, kommst du auch nicht so schnell raus«, erzählt Soja.

Ob sie Angst hat, will sie uns nicht sagen. Nicht, weil sie keine Angst hätte. Sie hat Angst und man sieht es ihr an. Sie sagt, sie wolle nicht darüber reden, weil es besser sei, nicht über Angst zu reden. Denn sonst schwelle sie in der Seele an, werde größer und größer, bis man sich nicht mehr beherrschen könne.

Inzwischen sind in dem Haus, in dem Soja übernachtet, von den fünfzehn Wohnungen nur noch zwei bewohnt.

»Jeder flieht, wohin er kann. Ein Freund meines Sohnes hatte sein halbes Leben lang nicht mit seinem Vater gesprochen, aber jetzt erinnerte er sich an ihn und ging zu ihm. Und ich, was kann ich tun? Ich kann mich verstecken. Aber hier kennt mich jeder. Ich steige in den Trolleybus und treffe immer ein bekanntes Gesicht.«

Jeden Morgen steht Soja auf, öffnet das Fenster und schaltet den Fernseher ein. Ukrainisch läuft nicht, das ist seit drei Monaten gesperrt, also schaut sie Russisch. Um nicht verrückt zu werden, stellt sie das Radio in der Küche auf einen ukrainischen Sender. Sie hört das eine, sie hört das andere.

»Die Ukraine hat im Osten gesiegt! Die Terroristen sind fast besiegt«, ruft das ukrainische Radio.

»Die faschistische Junta in Kiew ist auf dem Rückzug, die Regierung bricht zusammen«, meldet das russische Fernsehen.

»Die belügen sich gegenseitig«, klagt Soja.

Also ruft sie ihre Informanten an und überprüft alles persönlich. Dann sitzt sie bis zum Abend am Telefon und sucht nach Meldungen über Vermisste. Am Morgen geht sie durch die Stadt und schaut, was sich verändert hat. Sie schaut auch in die Geschäfte, aber die meisten sind geschlossen. So sieht ihr Leben im Untergrund aus.

»Wenn alles vorbei ist, werden manche, die weggegangen sind, nie mehr nach Donezk zurückkehren. Die Arbeiter werden zurückkommen, weil die Industrie erhalten bleibt, aber viele andere werden nicht zurückkommen. Es wird für lange Zeit keine Arbeit geben, weil die Firmen bankrott gegangen oder weggezogen sind. Die Firma meines Sohnes ist bankrott gegangen, er hat sie zusammen mit einem Freund geführt. Der ist aber weggegangen. Mein Sohn wollte lange nicht gehen, also habe ich ihn zu Hause sitzen lassen und ihm Mittagessen gekocht. Aber schließlich ist er fort, und mein anderer Sohn auch. Mein Mann ist geblieben, er hat Angst, doch er mag die DNR, also streite ich die ganze Zeit mit ihm. Selbst wenn alles wieder so wird wie früher, werde ich mich sehr ärgern, dass ich nicht hartnäckig genug war. Ja, ich bin mit einer Perücke zu den Demonstrationen der Anhänger der ›Donezker Republik‹ gegangen, aber ich konnte sie nicht aufhalten. Wenn ich das alles überlebe, werde ich doppelt so radikal sein«, kündigt sie an.

Am Tag zuvor waren in der Nähe des Hauses, in dem sie wohnt, zwei Granaten eingeschlagen. Eine vor und eine hinter dem Haus, die Wände wackelten. Soja konnte einfach nicht glauben, dass es eine ukrainische Rakete war. Sie wollte glauben, dass es die DNR gewesen war. Als die Geschosse einschlugen, schrien Kinder im Hof. Sie ging auf den Balkon und rief:

»Schnell! Lauft zu mir!«

Ein Junge rannte, er war vielleicht zehn Jahre alt. Zweiundzwanzig Jahre lang hatte sie solchen Kindern auf Ukrainisch beigebracht, wie viel zwei plus zwei ist.

»Komm«, rief sie ihm zu, »lass dich nicht erwischen!«

»Das sind die Ukker«, sagte er, als er bei ihr war, »Tod den Ukkern!«.

Weitere Bomben fielen, aber sie hörte sie nicht mehr.

»Es stimmt, niemand hat uns gewählt, wir haben uns selbst gewählt«, gibt Sergei Baryschnikow zu.

Ein Lastwagen fährt die Straße entlang, die Rebellen auf der Ladefläche schwenken fröhlich ihre Gewehre. Die Innenstadt ist grün, die Bäume blühen.

»Hat die amerikanische Revolution gegen die britische Herrschaft nicht auch so begonnen? Und heute kritisiert Amerika uns. Im Moment haben wir zwei Republiken, Donezk und Lugansk, aber es werden noch mehr kommen, ihr werdet sehen, Charkiw und Odessa werden auch rebellieren.«

Baryschnikow ist jetzt Abgeordneter der Republik Donezk und auch Mitglied des Parlaments von Neurussland.

»Was macht so ein Abgeordneter, Herr Professor?«

»Wir treffen uns zweimal in der Woche, arbeiten in Ausschüssen und anderen Gremien, die sich gerade bilden. Ihr Lieben, da gibt es nicht viel zu erzählen. Aber wir haben uns kürzlich an das russische Volk und die russische Duma gewandt und um mehr militärische und diplomatische Unterstützung gebeten. Wir haben die ukrainische Luftwaffe außer Gefecht gesetzt, wir sind durchaus in der Lage, Panzer zu zerstören, aber bei der Artillerie sind wir unterlegen und brauchen Hilfe. Morgen fahre ich zu einer Sitzung des Parlaments. Es ist schwierig, in die Republik Lugansk zu kommen. Die Front ist nicht weit. Letzten Montag sind wir auch dorthin gefahren und man konnte die Spannung spüren, zuerst fuhr der Geheimdienst, dann wir. Unsere Feinde hätten nur zu gerne unser Fahrzeug abgeschossen. Deshalb habe ich auch extra eine Waffe bekommen. Im Parlament ist mein Bereich Bildung und Wissenschaft, aber ich sage euch, ihr Lieben, ganz ehrlich, ich würde mich viel lieber mit etwas anderem beschäftigen.«

»Und womit?«

»Mit militärischen Angelegenheiten, mit der Bekämpfung der Opposition, der fünften Kolonne. Oder damit, dem Feind Informationen zu entlocken.« Dem Professor klebt der Bierschaum an der Oberlippe.

Seit Wochen reden die Donezker so miteinander: »Hast du das gehört? Das war ein ›Grad‹. Und jetzt eine ›Totschka‹. Oder ein ›Smertsch‹? Und gestern nur BMDs und AKs. Dafür am Flughafen SWDs!« Sie sind zu Waffenexperten geworden, tauschen sich über Raketenwerfer und Gewehrkaliber aus. »Wie weit weg? Woher kommt der?«

Sirenen heulen, Fenster klirren: Das muss in der Nähe runtergekommen sein. Wir rennen nach draußen, graue Schwaden steigen hinter den Gebäuden auf. Wohnhäuser in der Innenstadt, in der Trenjowa-, Batyschew- und Rosa-Luxemburg-Straße, im Schtscherbakow-Park. Ein Toter und drei Verletzte. Es sind die ersten Geschosse, die so nah einschlagen. Sie zerreißen das Leben der Menschen. In der Trenjowa Straße gibt eine gespaltene Gebäudemauer den Blick frei auf ein Gästezimmer, ein Bücherregal, Bilder, ein ungemachtes Bett. Es sieht aus wie ein Puppenhaus. Schweigende Männer und klagende Frauen stehen vor den zerbrochenen Fensterscheiben.

»Warum hier, warum in diesem Haus? Glauben sie, ich hätte ein Gewehr unter dem Bett?«

»Sind wir denn mit Panzern nach Kiew gefahren? Warum machen die das?«

»Was redest du da, es ist Krieg!«, widerspricht die jüngste der Frauen.

»Zwischen wem?«, fragen die anderen. »Zwischen der Ukraine und uns?«

»Die Ukraine und die ukrainische Regierung müssen vor Gericht. Wir müssen sie anzeigen! Wir müssen an die Staatsanwaltschaft und an internationale Gerichte schreiben. Wir wollen einen Prozess gegen den Staat Ukraine!«

In der Rosa-Luxemburg-Straße schlägt ein Geschoss neben einem Treppenhaus ein und hinterlässt einen grauen Krater im Asphalt. Fünfzehn Meter weiter räumt der Hausbesitzer gerade seinen Hof. Er ist sofort tot.

»Weiß man, wer geschossen hat?«

»Ihr wisst es nicht?«

»Wir wissen es ganz genau. Es war der ukrainische Nazgarda.«

»Genug von euch beiden, genug!«, eine Frau schaut aus dem Gebäude mit den zerbrochenen Fensterscheiben.

»Ich kann kaum sehen, meine Augen sind krank«, sagt Rosa. »Und als das Glas aus den Fenstern gerissen wurde, meine Süßen, als der Balkon abgerissen wurde, konnte ich nicht sehen, was passierte. Ich konnte nur hören, wie alles zerbrach. Ich bin schon achtzig Jahre alt, meine Süßen, ich bin vor dem Krieg geboren. Die ersten Erinnerungen, die ich habe, sind aus dem Krieg. Es gab viel, viel Schnee, und ich bin mit meiner Mutter auf einem Schlitten von der Front weggelaufen. Überall gab es

Explosionen. Aber jetzt, meine Süßen, will ich nicht mehr, ich kann nirgendwo mehr hin.«

»Wir sind umzingelt«, flüstert jemand in der Menge, »fast umzingelt.«

Die Fenster werden zugeklebt, ein Junge, vielleicht zwölf Jahre alt, malt eine Aufschrift an die Tür: Zum Bombenschutzbunker.

Es riecht nach frischer Farbe.

Auszug aus einem Artikel der Zeitung *Neurussland*:

Die Bibliothek – Apotheke der Seele

»Die Donezker befinden sich im Epizentrum der Armut und Angst. Gestresst und am Ende ihrer Kräfte kommen sie in die Stadtbibliothek. Verwirrung und Unsicherheit spiegeln sich in ihren Augen. Sie kommen nicht in die Bibliothek, um sich zu informieren, sie suchen Trost und Hilfe. Es gibt viele Bücher, die helfen, das seelische Gleichgewicht zu halten: *Das Buch von Glück und Unglück* von Asmonow, *Das letzte Blatt* von O. Henry, *Eine Nacht in Lissabon* von Remarque und *Die Leidenschaft des Lebens* von Stone. Aufmunternde Bücher, die helfen, düsteren Gedanken und Depressionen zu entkommen, sind folgende: *Dona Flor und ihre zwei Ehemänner* von Amado, *Drei Herren in einem Boot (den Hund nicht mitgezählt)* von Jerome, *Geheimnisse von Paris* von Sue. Bücher, um die Probleme des Alltags zu vergessen: *Die Abenteuer des guten Soldaten Švejk im Weltkrieg* von Hašek, *Sandro* von Czegem Iskander. Bücher, die helfen, schwere Erinnerungen an die Vergangenheit zu überwinden: *Agnes Grey* von Brontë, *Der Weihnachtsabend* von Dickens, *Der verzauberte Wanderer von Leskov*. Natürlich gibt es auch das Buch der Bücher in unserer Bibliothek, die Bibel, die uns sagt:

›Kommt her zu mir alle, die ihr mühselig und beladen seid, ich will euch trösten.‹«

Der Maler Sergei Zakharov war schon immer ein Fan von Banksy. Er selbst hat nie engagierte Kunst gemacht, sondern lieber Bögen, Kreise und Ellipsen gemalt. Doch als er in diesem Sommer die Straße entlangging, spürte er zum ersten Mal eine Art engagierte Wut. Waren in Donezk alle verrückt geworden? Er rief seine Künstlerfreunde an und lud sie zu einem Treffen ein.

»Wir werden uns ›Murzilka‹ nennen«, verkündete er. Das war der Titel einer alten sowjetischen Kinderzeitschrift. Am Tag ihres Treffens feierte sie ihren neunzigsten Geburtstag. »Auch unsere ›Murzilka‹ wird ehrlich wie ein Kind sein und sich über diese verrückte Welt lustig machen.«

Die Künstlerfreunde nickten, ja, toll und bravo. Aber sofort fügte einer hinzu, weißt du, Sergei, das ist ein bisschen unheimlich, und ein anderer sagte, er verlasse die Stadt. Und so waren am Ende des Treffens nur noch Sergei und ein Fotograf in der Künstlergruppe ›Murzilka‹.

Sie wollten wie Banksy Street Art machen, aber Graffiti malen dauert sehr lange. Schließlich sollten sie nicht auffallen. Also kam Sergei auf die Idee, die Graffitis schon vorher anzufertigen und sie einfach an den Wänden anzubringen. Zuerst machte er eine Skizze. Er zeichnete die Silhouetten der Separatistenkrieger, fügte ihnen kleine Hörner und ein teuflisches Lächeln hinzu, übertrug sie auf Papier, schnitt sie aus und bemalte sie. Er beschloss, die ersten vier Werke um vier Uhr morgens in den Straßen aufzuhängen.

Er hatte bereits einen grinsenden Clown mit einer Kalaschnikow, den uniformierten Scharikow aus Bulgakows *Hundeherz* und zwei Bilder des Todes. Es herrschte Ausgangssperre, aber Sergei entschied, dass es ein guter Zeitpunkt sei, denn die Leute schliefen schon oder noch. Zusammen mit seinem Fotografen platziert er Scharikow in der Nähe des Hotels Great Britain und den Clown mit der Kalaschnikow in der Nähe des Einkaufszentrums Kontinent. Den Tod wollten sie im Zentrum aufhängen, wurden aber von einer bewaffneten Patrouille aufgehalten. »Sie fragten, ob wir nüchtern seien.«

Als sie sie gehen ließen, ohne den Kofferraum zu kontrollieren, beschloss Sergei zwei Dinge. Erstens, die Bilder nur tagsüber zu malen. Zweitens, immer nur ein Graffiti mitzunehmen. Die nächsten Wochen waren arbeitsreich. Am Standesamt brachten sie ein Bild von Arsen Pawlow ›Motorola‹ an, der aus dem russischen Uchta nach Donezk gekommen und hier sehr berühmt geworden war.

In den Geschichten, die ›Motorola‹ erzählte, zerstörte er im Alleingang feindliche Panzer oder schoss Hubschrauber ab. Er hatte gerade geheiratet. Jelena stammte aus dem Dorf Semjonowka im Donbass. ›Motorola‹ war mehr als einen Kopf kleiner als sie. Sergei fand das so lustig, dass er sie zusammen malte und Arsen mit Hörnern und Teufelshufen versah.

Sie befestigten den Tod am Krankenhausgebäude. Die malaysische Boeing war gerade in der Nähe von Donezk abgeschossen worden. Sergeis Tod trug eine Mütze mit der Neurussland-Flagge, in seinen knochigen Händen hielt er eine Liste der Passagiere.

Neben das Komsomolez-Kino hängten sie ein Porträt von Igor Girkin ›Strelkow‹, dem Verteidigungsminister der Donezker Volksrepublik. ›Strelkow‹ hatte die Augen geschlossen und hielt sich eine Pistole an die Schläfe. (Tu es einfach, tu es, stand unter dem Porträt).

Sie ließen das Auto immer an der nächsten Straßenecke stehen. Sergei wickelte das Bild in ein altes Laken und rannte los. Er befestigte es mit Draht oder nagelte es mit einem kleinen Nagel fest. Er versteckte sich und beobachtete. Er wollte wissen, wie die Passanten reagieren würden. Würden sie die Zeichnungen betrachten? Würden sie sich abwenden? War die ganze Stadt verrückt geworden? Er träumte davon, wie eine Patrouille auf seine Kunstwerke stieß und sie wütend herunterriss. Aber die Bilder verschwanden immer in der Nacht. Das letzte hing am längsten, zwei Tage.

Der Fotograf machte von jedem neuen Separatisten mit teuflischen Hörnern ein Foto und stellte es ins Internet. Als Journalisten anfingen, Sergei zu kontaktieren, versuchte er vorsichtig zu sein. Einem sagte er, ein Taxifahrer würde ihn abholen, während er sich selbst ein Taxi von einem Freund lieh, den Journalisten in eine abgelegene Gegend fuhr und erst dort ein Geständnis ablegte. Er habe nicht darüber nachgedacht, was passieren würde, wenn er erwischt würde. Solange Krieg herrsche, werde sich niemand um den Künstler kümmern. Und er begann sogar zu bedauern, dass es bald vorbei sein könnte. Denn die ukrainische Armee würde kommen und für Ordnung sorgen. Dabei hatte er noch so viele Ideen.

Doch es kam anders. Später versuchte er, das Geschehene aus dem Gedächtnis zu zeichnen. Die Schwarz-Weiß-Skizzen lassen sich chronologisch ordnen. Auf der ersten steigen zwei Männer aus einem Auto, sie sind bewaffnet. Das Gesicht des Mannes, den sie anhalten, ist nicht zu erkennen. Auf der zweiten versucht ein Mann, sich unter einem Tisch vor den Knüppeln zu verstecken. Das dritte Bild zeigt einen Keller und Menschen, die auf Betonboden liegen.

Sergei hatte ein Atelier am Stadtrand von Donezk, nicht weit von seinem Haus entfernt. Als er es eines Tages abschloss, bemerkte er zwei Luxusautos, die auf der gegenüberliegenden Straßenseite parkten. Nur eine Kategorie von Menschen fährt in diesem Sommer solche Autos, dachte er und spürte, wie sich seine Muskeln verkrampften. Er hörte: »Du kommst mit uns«, mehr sagten sie nicht.

Im Amt für Sicherheit zeigte ein bärtiger Mann mit dem Finger auf den Bildschirm eines Laptops, auf dem der Kopf von Igor ›Strelkow‹ mit einem Lauf an der Schläfe zu sehen war.

»Du?«

»Ja, ich.«

Er fand es sehr amüsant, dass er versucht hatte, sich so penibel zu verstecken, und sie hatten bereits eine Akte über ihn, in fein säuberlich sortierten Ordnern.

Im Keller: Wenn er ihn zeichnen müsste, würde er viel Schwarz und etwas Grau verwenden. Sie lagen auf dem Betonboden, neben Kisten mit Gasmasken, dreißig an der Zahl. Es war heiß. Mehrere Tage, Verhöre, immer wieder die gleichen Fragen. Seine Rippen waren gebrochen, als sie ihn in eine Zelle unter der Treppe schoben.

Eine Frau in Uniform fragte ihn:

»Wie fühlt sich ein Mensch, bevor er stirbt?«

»Lies Dostojewski!«, antwortete er.

Im Kofferraum war schon ein Ersatzreifen, aber Sergei und ein anderer Mann wurden noch hineingestoßen. Sein Arm schwoll an, aber es ging ihm nicht so schlecht wie dem anderen, der einen gebrochenen Arm und einen durchschossenen Fuß hatte. Man brachte sie in ein Lagerhaus weit außerhalb des Zentrums. Dort waren Drogensüchtige und Obdachlose, die von den Separatisten verhaftet worden waren und nun Autos zu Schrott zerlegten.

Sergei und der andere Mann wurden beide an ihrer rechten Hand gefesselt, weil ihre linken Hände geschwollen waren. Sie mussten in eine Flasche pinkeln und Ungeziefer krabbelte im Essen herum. Petia, ein Aufseher, war gut zu ihnen. Wenn er seine Schicht hatte, öffnete er die Tür, um frische Luft hereinzulassen, goss heißen Tee in Tassen und brachte sie heimlich herein.

Am zehnten Tag stand eine weiße GAZelle im Hof.

»Hey, Künstler!«, riefen die Wächter. »Kannst du malen? Mal unser Auto in der Tarnfarbe Moro an. Wenn du das machst, kannst du nach Hause gehen.«

Am Abend ließen sie ihn tatsächlich gehen, gaben ihm sogar ein sauberes T-Shirt und Kleingeld für eine Busfahrkarte. Als er nach Hause kam, strömten die Nachbarn auf die Straße, und sein Vater, der die DNR unterstützte, fragte: »Wer hat dir bloß aufgetragen, diesen Mist zu malen?«

Er wollte verschwinden, aber die Behörden hatten noch seine Papiere.

»Und du läufst frei herum?«, wunderten sie sich, als er seinen Pass abholen wollte. Und sie sperrten ihn wieder in den Keller.

Er lag da, wartete und unterhielt sich mit den Gefangenen. Eines Tages wurde der ehemalige Chef der Donezker Miliz in den selben Keller gesperrt. Er setzte sich, schaute sich um und sein Blick blieb auf dem Gesicht eines bekannten Gangsters hängen, den er vor einigen Jahren gejagt hatte.

Dann wurde Sergei ins Liverpool gebracht, das ehemalige Hotel und Restaurant im Zentrum von Donezk.

Als ›Strelkow‹ aus Slowjansk zurückkehrte, wurde das Liverpool in eine Kaserne umgewandelt. Wie auch andere Hotels, die Familien der Soldaten beherbergten oder zu Ministerien gemacht wurden. Die Statue der Beatles, die vor dem Hotel stand, wurde zerstört.

Der Besitzer des Liverpool erzählte uns, dass, als die ›Strelkow‹-Truppen in die Stadt einmarschierten, zwei ihrer Männer ins Hotel kamen und einer sogar ein Zimmer mietete. Aber dann besetzten sie das ganze Hotel. Die Leute rufen ihn immer noch an: In deinem Hotel halten sie meinen Bruder, meinen Mann und meinen Onkel gefangen. Aber was kann er tun? Er hat sich damit abgefunden, dass er das Hotel, das er aus dem Nichts aufgebaut hat, verloren hat. Manchmal geht er hin und hilft den Separatisten, den Ofen zu bedienen, denn sie schaffen es nicht immer. Zuerst musste er einen Sack über dem Kopf tragen, aber dann haben sie aufgehört, ihm einen überzuziehen.

So lebten die Separatisten im Neonlicht, in Hotelbetten mit Satinbettwäsche und violetten Vorhängen, zwischen Nachttischen mit Vasen voller künstlicher Lavendelblüten. Ihr Abendessen nahmen sie zwischen Bildern von Ringo Starr und John Lennon ein. Sergeis Arbeit war einfach: Gemüse schälen und schneiden. Im Flur saß seit einiger Zeit jemand, der mit Handschellen an einen Heizkörper gefesselt war und eine Shrek-Maske über dem Gesicht trug. Man durfte nicht nach ihm fragen, nicht mit ihm sprechen und die Maske nicht abnehmen.

Sergei schnitt Gurken und wusste nicht, dass die ganze Welt Artikel über ihn las. In einem stand: ›Der Banksy von Donezk‹. In St. Petersburg hängte ein Künstler Kopien eines tragbaren Graffitis auf, auf dem ein Separatist mit einem mannsgroßen Bleistift schießt: ›Freiheit für Murzilek‹!

»Ich bekenne mich zu einer staatsfeindlichen Propagandatätigkeit ...«, musste Sergei unterschreiben, dann war er frei. Er wollte den nächsten Zug nehmen und nicht mehr zurückkommen. Er ging nach Kiew und richtete sich ein Atelier ein.

Zuvor hatte er sein ganzes Leben damit verbracht, darüber nachzudenken, wie er Geld verdienen könnte. Schließlich hatte er sich ein Haus gekauft. Doch das wurde ihm wieder weggenommen. Jetzt wollte er nur noch malen. Er hatte eine Ausstellung in einem verlassenen Werftgebäude. Die Gäste der Vernissage applaudierten und schlürften Wein. Aber Sergei lächelte nicht einmal, obwohl er immer von einem solchen Moment geträumt hatte. Seine Gedanken waren wieder in Donezk. Also entwarf er ein Kartenspiel mit Bildern der Separatisten. Die Könige waren ›Strelkow‹ und Sachartschenko, der Bube war ›Motorola‹. Der Joker war der russische Präsident Vladimir Putin.

»Wie zeichnet man Putin?«, fragen wir.

»Zuerst zeichnet man ein Ei, das wird Putins Kopf, dann muss man sich auf die Nase konzentrieren«, erklärt er.

Heute ist er damit beschäftigt, einen Comic über seine Entführung zu zeichnen, Schwarz-Weiß-Skizzen, Szene für Szene, Verhaftung, Keller, Stiefel.

»Und was wird die letzte Zeichnung zeigen?«

Er starrt auf den Papierblock.

»Ich weiß es noch nicht.«

»Aber warum hat er das gemalt? Wozu? Kann mir das mal jemand erklären?«, schnaubt Professor Baryschnikow und isst ein Stück Käse. »So etwas schadet der Jugend. Eine Provokation wie die des russischen Künstlers, der seine Genitalien auf den

Roten Platz genagelt hat. Eine Nation, die sich in einer schwierigen Situation befindet, darf nicht auf diese Weise beeinflusst werden. Und übertreibt nicht, dass bei uns nichts erlaubt ist, denn ich habe kürzlich Soja Andrijiwna auf der Straße gesehen. Eine Nationalistin! Wenn ich nur wollte, könnte ich …« Er hebt drohend ein Stück Käse.

»In Friedenszeiten hätte ihr einfach jemand eine Ohrfeige gegeben. Aber nicht jetzt, jetzt ist eine andere Zeit«, sagt Sascha de Krog.

»Eine Zeit«, fährt er fort, »in der die Regierung noch nicht etabliert ist und noch nicht alles unter Kontrolle hat. Eine Zeit, in der man Gefangenen ungeladene Waffen gibt und sagt: Wenn du deinen Freund erschießt, lassen wir dich gehen. Und sie schießen, wie sie schießen! Einer schreit: »Ich werde für die Ukraine sterben«, dann gibt man ihm auch eine ungeladene Waffe: »Hier, töte dich.« Glaubt ihr, es ist leicht, sich zu beherrschen, wenn man hört, dass Mitglieder der ukrainischen Freiwilligenbataillone einem Kameraden den Zeigefinger abgeschnitten haben, damit er nicht abdrücken kann? Versteht ihr nicht, wie groß dann der Wunsch ist, in eine Zelle zu gehen und einem von ihnen etwas anzutun? Schmerzen zuzufügen, Bauschaum in den After zu spritzen, wie sie es dort mit unseren Männern tun? Wisst ihr, wie sehr man sich dazu hingezogen fühlt? Es ist eine andere Zeit, eine Zeit des Eifers, des Chaos, des geordneten Durcheinanders. Jetzt ist eine solche Zeit«, seufzt Sascha.

Das Bulletin *Bojewoj Listok Neurusslands* berichtet:

»Wegen illegalen Schnapsbrennens verurteilte das Militärgericht der DNR am 16. Juli die folgenden Männer mit sofortiger Wirkung zu Zwangsarbeit: Galuschak Wiktor Wladimirowitsch,

Parowan Jewgeni Anatoljewitsch. Wegen Herstellung und Verkauf von Drogen, insbesondere der Droge Wint, verurteilte es Sergejew Andrei Lwowitsch zum sofortigen Tod durch Erschießen.«

Sascha de Krog:

»Nun, es werden Drogenabhängige, Dealer, Obdachlose und Prostituierte verhaftet. Drogensüchtige heben für uns Gräben aus und Dealer richten wir hin. Manchmal spielen die Jungs auch mit ihnen. Im Moment ist das so. Aber die meisten Gefangenen behandeln wir gut. So gut, dass sie sich schämen, wenn sie wieder zu sich kommen, weil sie mit Blini gefüttert und gemästet werden. Nur aus dem ›Rechten Sektor‹ und der ›Nazgvardia‹ werden keine Gefangenen gemacht. Soldaten vom Grundwehrdienst, von der Berufsarmee, von der Mobilmachung, das ist klar. Aber die sind als Freiwillige gekommen, um mit uns zu kämpfen. Ich bin kein Zoodirektor, um Tiere in einem Zoo zu halten. Solche werden auf der Stelle erschossen. Wie erkenne ich den ›Rechten Sektor‹? Sie sind schwarz gekleidet. Und sie sind quasi unverwundbar, sie spüren keinen Schmerz, und wenn sie nicht am Kopf getroffen werden, fallen sie nicht um. Sie haben dieses Pulver, um das sie jeder Drogensüchtige beneiden würde. Ihre Leichen werden dann von der Stadtreinigung abgeholt und ich kümmere mich nicht mehr darum.«

Kolonnen von gepanzerten Mannschaftswagen fahren durch die nächtlich kalten Straßen. Stahl kracht auf Beton. Draußen vor dem Fenster beginnt die Kanonade, und wir streiten wieder:

Soll der Staat eine ganze Stadt angreifen, nur weil sich dort eine Gruppe von Warlords verbarrikadiert hat, die von der Mehrheit der Bevölkerung nicht unterstützt wird?

Soll der Staat die Stadt diesen Leuten überlassen, die jetzt bewaffnet und zu allem bereit sind?

Haben die Menschen hier nicht auch ein Recht auf ihre eigene Revolution, wie sie auf dem Majdan stattgefunden hat?

Aber muss man gleich zu den Waffen greifen und sich Vertreter des ganzen Volkes nennen?

Hätte man das Ganze nicht früher stoppen können?

Derweil ist Donezk eingekesselt. Man spürt es förmlich, wie einen Druckabfall, wie einen Mangel an Sauerstoff.

Und dann war da noch die Kosmetikerin Irina Dowgan.

Eine Zeit lang ging alles gut. In Jassynuwata, etwas außerhalb der Stadt, packte sie jeden Morgen Wassermelonen, Honig und Äpfel ein und brachte sie hinter die Front, auf die andere Seite, zu den ukrainischen Soldaten. Die hatten sich mit ihren Panzern auf einem Feld verschanzt. Eines Tages verbrannten die Soldaten das Gras und liefen in zerrissenen Shorts und Gummilatschen herum, ganz schwarz vom Feuer. Irina brach es das Herz. Sie kehrte mit den Hosen ihres Mannes zurück und wusch und bügelte die Hemden der Soldaten. Sie brachte ihnen Borschtsch in Vakuumgläsern, buk Pfannkuchen, schmuggelte Matratzen und Decken durch die Posten. Dann begann sie, Geld für Uniformen zu sammeln, denn ihre eigenen waren ziemlich zerrissen. Auf einem Tablet hatte sie Bilder von Soldaten und eine Liste von Leuten, die Geld gespendet hatten. Dieses Tablet gab sie einem Freund. Der Freund wurde verhaftet und auf der Polizeistation durchsucht. Die Rebellen sahen die Fotos, auch die Nachbarn bestätigten: Ja, sie haben durch den Zaun gesehen, dass sie Medikamente eingepackt hatte. Als sie Irina abholten, waren sie eher traurig als wütend: »Warum hilfst du denen und nicht uns?«

In der Arrestzelle nebenan folterten sie die ganze Nacht jemanden, sie schrie mit, um die Schreie zu übertönen. Das Bataillon ›Wostok‹ bestand aus ehemaligen Angehörigen der ukrainischen Miliz. Sie konnten sie demütigen, sie konnten ihr drohen, aber sie foltern? Das konnten sie nicht. Sie übergaben sie den Osseten.

»Und die haben den ganzen Tag mit mir gespielt, wie sie wollten«, erzählt Irina, und wir wollen gar nicht hören, was das bedeutet.

Sie fragten nach Namen und Adressen. Irina nannte Leute, von denen sie wusste, dass sie nicht mehr in Donezk waren. Einmal nannte sie eine Adresse, bei der sie sich unsicher war. Sie begann vom Tod zu träumen, schlief nachts nicht mehr, schwor sich, wenn diese Leute verhaftet würden und sie überlebte, würde sie sich umbringen. Sie sprach mit Gott darüber. Am Morgen legten Männer in Tarnuniformen die Besitzurkunden ihres Hauses, ihres Gartens (das war ihr liebster Ort auf der Welt), ihres Schönheitssalons und der Wohnung ihrer Mutter auf den Tisch. Sie sollte alles auf sie überschreiben.

»Und wo soll ich leben?«

»Du wirst nicht mehr leben, du bist längst verdautes Fleisch.«

Die Idee war, sie zu einem Posten zu bringen, der von der ukrainischen Armee beschossen wurde. Aber einer von ihnen gab zu bedenken, dass sie, während sie sie an eine Barrikade banden, selbst von Kugeln durchlöchert werden könnten. Sie brachten Irina auf einen Platz mitten in der Stadt und banden sie an einen Pfeiler. Leute kamen vorbei, alte Frauen und Jungs mit ihren Freundinnen. Sie spuckten, zerrten, zogen an den Haaren, fassten sie an, ohrfeigten sie, schlugen sie mit der Hand, mit Fäusten, mit Stöcken, stießen sie mit dem Knie, zerdrückten ihr eine Tomate im Gesicht, taten so, als wollten sie sie hinrichten. Meistens schlugen die Frauen, die Männer schauten zu.

Der Pfeiler war das Schlimmste, was ihr je passiert ist. Aber der Pfeiler hat sie gerettet. Ein Foto von ihr erschien in der *New York Times*. Irina, die Säulenheilige. Sie mussten sie gehen lassen, im grellen Licht der Kameras. Sie bat noch darum, ihren Hund und ihre Katzen von zu Hause holen zu dürfen. Das Haus war verwüstet, die Kleider ihrer Tochter lagen im Sand. Sie schnappte sich ihre Schuhe und einen Topf aus der Küche, lief noch einmal durch die Zimmer und den Garten. Es war das letzte Mal, dass sie in ihrem Haus war.

Im Herbst werden Separatisten Bäume in Irinas Garten fällen und in ihr Haus einziehen

Die Tage sind heiß und still, die Nächte laut und gefährlich. Nachts kommt es vielen Bewohnern von Donezk vor, als sei die Welt untergegangen. Doch die Separatisten sind ganz anderer Meinung.

»Wir werden einen großen und wunderbaren Staat aufbauen! Wir werden die Korruption bekämpfen, die öffentlichen Ausgaben streng kontrollieren und das Prinzip der Schuldvermutung einführen. Wenn ein Beamter Dinge kauft, die er sich nicht leisten kann, gilt er bis zum Beweis des Gegenteils als korrupt«, kündigt Pawel Gubarew an.

»Wir werden von den Reichsten mehr verlangen«, erklärt Professor Baryschnikow.

»Wir werden einen Teil der Industrie nationalisieren. Wofür brauchen wir hier die Unternehmen von Superreichen wie Rinat Achmetow? Andere Regionen werden auf der Welle unseres Erfolgs mitschwimmen, dann werden wir Neurussland schaffen. Wir werden die ehemaligen südlichen Ländereien der Zarin Katharina der Großen, von Transnistrien bis zur Taman-Halbinsel, den wunderbaren Landstreifen am Schwarzen und Asowschen Meer, vereinen. Der beste Boden, schwarze Erde, eine große wirtschaftliche Perspektive! Und wir werden die Ukraine vom Meer abschneiden, bis sie ohne Wasser verdorrt und auseinanderfällt. Und die westlichen Gebiete? Die geben wir euch Polen zurück.« Der Professor scheint uns ein Kompliment machen zu wollen.

Trotz der Belagerung hat Donezk seiner Meinung nach nichts zu befürchten:

»Um in die Stadt einzudringen, braucht man eine halbe Million Soldaten. Wir werden unsere Gegner zurückschlagen und mit dem Wiederaufbau weitermachen. Wir werden uns ihre Kraft zunutze machen, auch die Kriegsgefangenen und alle, die die Ukraine unterstützt haben. Dafür haben wir schon genug Feinde in unseren Kellern.«

»Ich sehe unser Neurussland im Bündnis mit Belarus, Kasachstan und Russland«, beschreibt Sascha de Krog seine Vision. »Neurussland wird seinen eigenen Weg gehen, mit seinen eigenen Regeln und seiner eigenen Politik. Ohne europäische Korruption und moralischen Verfall. In fünfzehn Jahren werden wir ein wichtiger Akteur auf dem Energiemarkt im Süden Russlands sein. Schließlich haben wir eine hervorragende Industrie, wir müssen sie nur modernisieren. Wir müssen nur diese schwierige Zeit überleben. Den Wendepunkt schaffen ...«

Sascha de Krog überlegt, ob er seine Mutter aus Donezk herausholen soll. Er hat große Angst, dass die ukrainischen Sicherheitskräfte sie verschleppen. Aber sobald er es auch nur erwähnt, fängt sie an, ihn zu verfluchen.

»Werden wir uns Russland anschließen oder unabhängig sein? Das weiß ich noch nicht«, Andrei Purgin läuft unruhig im Zimmer herum. »Jedenfalls zählen wir auf die militärische Unterstützung der Russen. Sie könnten sich ein bisschen mehr anstrengen, oder? Oder uns zumindest wissen lassen, dass wir mit ihnen rechnen können. Sind wir nicht ihretwegen in den Kampf gezogen? Sie haben uns angedeutet, dass es sich lohnt und dass Hilfe kommen wird. Jetzt warten wir.«

»Ich bin sehr müde, schlafe wenig und esse kaum. Ich träume davon, mit meinen Freunden Schaschlik zu grillen. Und wenn wir alles geschafft haben, gehe ich wieder an die Arbeit«, sagt Sascha de Krog und rückt sein Gewehr zurecht.

Doch die Nacht ist hell. Die ukrainische Armee teilt den Donbass langsam in zwei Hälften, die Donezker Volksrepublik wird immer kleiner. Eine Woche nach dem Flugzeugabschuss wird auf den Sonnenblumenfeldern bei Grabowo, Rozsypne und Petropawliwka gekämpft. An einer Säule im Hauptquartier der DNR-Behörde hat jemand einen mit Tinte verschmierten Zettel aufgehängt:

»Hier haben sich historische Ereignisse abgespielt. Hier treffen die Mächte des Guten und des Bösen nach jahrhundertelangem Kampf aufeinander. Das Böse in Gestalt des Westens will sein Verhältnis zum Guten endgültig klären. Aktuell haben unsere Kräfte des Guten die Oberhand.«

Auf dem Bahnsteig in Donezk ruft ein älterer Mann: Halt! Aber ein Halten ist unmöglich. Die Körper drängen sich aneinander, keine Chance, sich nach links oder rechts zu wenden, man kann nur mit dem Strom schwimmen. Wir fließen wirklich, wie eine richtige Welle. Die Menge drückt gegen Wände und Waggons, einige fallen auf die Gleise, werden aber sofort von anderen wieder hochgezogen. Sascha, Tanja, Nadia, Mischa, Kola, Wasja, Katia, die Namen klingen wie ein Aufruf zum Jüngsten Gericht. Große Kisten, Koffer, Gepäck und Taschen werden durch die Fenster reingeworfen, Hauptsache man kommt in den Zug. Das Pfeifen der Lok übertönt die Schreie, dann rattern die Räder schneller, aber immer noch langsam, denn an der Eisenbahnkreuzung in Jassynuwata soll gekämpft werden. Das Gras am Straßenrand leuchtet grün, die Felder gelb von Sonnenblumen. Unendlich viele Blumen, eine Helligkeit, vor der man die Augen abwenden oder blinzeln muss wie vor der Sonne.

Es ist einer der letzten Züge von Donezk nach Kiew.

Kapitel 3

Die Hundeviertel

Frühling 2015

Wir schmuggeln Kartoffeln und Zwiebeln über eine Grenze, die es nicht gibt.

Olga lehnt sich aus der Tür und flucht, so bitter sie kann, aber immer noch leise genug, um von den Männern in Tarnkleidung nicht gehört zu werden. Kartoffeln und Zwiebeln füllen jeden freien Platz im Auto. Wir sitzen auf den Kartoffeln und kuscheln uns an sie. Kartoffeln unter den Füßen und Zwiebeln hinter dem Kopf. Die Grenze, die wir zu überqueren versuchen, ist noch keine wirkliche Grenze. Es ist eine Grenze im Werden. Ein Ort, an dem die Front zum Stillstand gekommen ist, an dem Armeen nicht weiterwollen.

Vor einem Jahr trafen Verstärkungen aus Russland in der Volksrepublik Donezk ein, nicht gekennzeichnet, um den Anschein zu erwecken, sie seien neutral. Sie drangen tief in die Ukraine ein, während die klagenden Mütter in Russland zum Schweigen gebracht wurden. Die Offensive begann und die ukrainische Armee, die Donezk bereits eingeschlossen hatte, musste sich zurückziehen. Schließlich kam die Front zum Stillstand.

Auf beiden Seiten werden nun Posten errichtet, Soldaten kontrollieren Dokumente, Koffer und Taschen. Fast nichts darf mehr eingeführt werden, die ukrainische Wirtschaftsblockade der Separatistenrepublik ist in Kraft. Seit Anfang Mai brauchen selbst Anwohner Passierscheine. Die Front trennt Nachbarn und Familien, Gräben und Sperranlagen zerschneiden Hinterhöfe und Kohlbeete. Es ist unmöglich, sich aufs Fahrrad zu schwingen und ins Nachbardorf zu fahren.

»Was hast du dabei? Und warum ausgerechnet Aspirin? Käsebrote, für wen schleppst du die? Fütterst du etwa diese Parasiten?«

Wer schlau war, nahm eine Frau mit Kind mit, am besten eine Schwangere. Dann hatte man eine gute Chance, an der Schlange vorbeizukommen.

Man konnte auch die richtige Menge Geld dabeihaben: An den Checkpoints gab es zwar Schilder »Bürger, meldet Korruptionsfälle!«, doch unter diesen Schildern drückte man zerknüllte Geldscheine in Hände und die Fragen hörten auf. Ein zusätzlicher Kanister Benzin und eine Flasche Wodka, alles hatte seinen Preis, selbst wenn ein Passierschein fehlte, war das kein Problem.

Auch Olga, in deren Auto wir uns an Kartoffeln und Zwiebeln kuscheln, nimmt uns nicht aufgrund ihres guten Herzens mit. Man darf nur fünfzig Kilo persönliches Gepäck mitnehmen. Sie transportiert Zwiebeln und Kartoffeln nach Donezk und hat weit mehr dabei als erlaubt. Sie nimmt uns mit, damit wir erklären können, dass es auch unsere Kartoffeln und Zwiebeln sind. Aber selbst wenn man uns mitzählt, hat sie immer noch zu viel mitgenommen ...

Die kilometerlange Autoschlange bewegt sich langsam, während die Sonne brennt und das Plastik der Kartoffelsäcke auflöst.

Olgas Telefon klingelt, der Soldat sieht nach. »Wer ist Wasja?«

»Mein Mann.«

»Warum hast du ihn dann nicht unter ›Ehemann‹ im Telefon gespeichert?«

Olga ist in Donezk gemeldet, so steht es in ihrem abgegriffenen Pass. Auf die ukrainischen Soldaten, die aus dem Westen kommen, wirkt ihre Adresse wie ein rotes Tuch. Du stammst aus Donezk und bist nicht geflohen? Dann musst du eine von denen sein. Oder, was genauso schlimm ist: Sie ekeln dich nicht stark genug an, um dich zur Flucht zu bewegen.

Weil sie in Donezk gemeldet ist, wird Olga immer verdächtigt, angehalten, genau überprüft, das Auto wird auf den Kopf gestellt oder es werden ihr die Kartoffeln und Zwiebeln weggenommen, die sie in die blockierte Stadt schmuggelt. So fährt sie jeden Tag, und jeden Tag hört sie, dass sie die falsche Meldeadresse hat. Früher war sie eine ukrainische Patriotin, aber in letzter Zeit hat sie gelernt, auf drei Meter Entfernung zu spucken. Das ist der Abstand zwischen ihrem Sessel und dem Fernseher. Sie übt es jeden Tag während der Nachrichten.

Zwischen dem Gemüse zusammengekauert passieren wir den letzten Posten. Wir streiten nicht mehr, es gibt nichts mehr zu streiten. Die ganze Zeit fragen wir uns, wann der Wahnsinn ein Ende hat. Ein alter Mann und eine alte Frau hocken am Straßenrand auf einem Grasfleck inmitten von Löwenzahn und knabbern an einem Brötchen. Zu Fuß dürfen sie nicht weiter, und kein Auto nimmt sie mit. Über ihren Köpfen ein Schild mit dem ukrainischen Emblem und dem Wort ›Ukraine‹.

Die Grenze verfestigt sich.

Soja Andrijiwna stapft über die Tulpen und Nelken, die die Straßen bedecken. Ein paar Tage zuvor haben die Einwohner sie auf die Panzer geworfen.

Am neunten Mai, dem Tag des Sieges, standen sie dort auf der Tribüne: Andrei Purgin (heute Parlamentspräsident), Denis Puschilin (Vizepräsident) und Alexander Sachartschenko vom

›Oplot‹-Bataillon (seit Herbst Staatschef). Pawel Gubarew, der erste Volksgouverneur, war in Ungnade gefallen und arbeitslos geworden. Igor Girkin, genannt ›Strelkow‹, war zurückgetreten. Oder genauer: Er war zum Rücktritt gezwungen worden und nach Russland gegangen.

»Fünfländerturnier! Eine Mini-Fußball-Meisterschaft wurde ausgetragen. Die teilnehmenden Nationalmannschaften waren: die Donezker Volksrepublik, die Lugansker Volksrepublik, Südossetien, Inguschetien und zusätzlich eine Gastmannschaft aus Deutschland«, heißt es in der Wochenzeitung *Donezker Republik*.

Die nicht anerkannte DNR nahm Beziehungen zu anderen nicht anerkannten Republiken auf, nicht anerkannte Minister statteten sich gegenseitig nicht anerkannte Staatsbesuche ab und unterzeichneten nicht anerkannte Verträge. Jugendaustausche wurden versprochen, Freundschaftsspiele ausgetragen und vorteilhafte Abkommen geschlossen.

An den verrosteten Plakatmasten in der Innenstadt hingen die ersten Plakate: »Männer! Auf zur Verteidigung des Vaterlandes. Wir werden keine faschistischen Filtrationslager im Donbass dulden, der Donbass wird die Faschisten vertreiben.« Und weiter: »Donezk lebt!«

Doch die Stadt sieht tot aus. Die Geschäfte sind verbarrikadiert, Treibstoff und Lebensmittel sind knapp. Der Preis für Brot ist von drei auf zehn Hrywnja gestiegen, für ein Kilo Gurken zahlt man schon hundert Hrywnja. Die Mathematiklehrerin Soja Andrijiwna liebt Zitronen. Jeden Monat kauft sie eine Zitrone für 14 Hrywnja und schneidet jeden Tag ein kleines Stück ab. Sie hat gelernt, ihren Mokka nur mit einem Viertel Teelöffel Kaffeemehl zuzubereiten.

In den Filialen der Ladenkette Brusnitschka, die Rinat Achmetow gehört, sind die Regale leer, aber die Verkäuferinnen sitzen an den Kassen und warten auf Kunden. Man kann mit russischen Rubeln bezahlen, obwohl es nichts zu bezahlen gibt.

Die Veränderungen im Staat gingen schnell: Schilder, Fahnen, Büros, Fernsehsender und Zeitungen wurden ausgetauscht. In der Stadtbibliothek wurden ukrainische Zeitschriften aus dem Bestand genommen. Sie kamen ins Altpapier, und das ging gut, denn in der Bibliothek war man damit vertraut. Zu ukrainischen Zeiten hatte man sowjetische Zeitschriften aussortiert. Gehälter und Pensionen wurden bezahlt, obwohl zum Beispiel die Rente Soja Andrijiwnas noch von der Ukraine bezahlt wurde, die ihrer Kollegin aber von der DNR, und zwar in Rubel. »Warum nicht in Dollar oder Franken?«, ärgerte sie sich.

Da die Geldautomaten nicht funktionieren und die Banken geschlossen sind, gibt es keine Möglichkeit, Geld abzuheben. Die Bewohner haben sich untereinander organisiert. Wer auf die andere Seite will, sammelt die Bankkarten von Freunden ein, fünf, acht oder dreizehn Stück, und bringt auf dem Rückweg Bargeld mit. Es wurden Firmen gegründet, die sich ausschließlich mit dem Abheben und Einführen von Bargeld beschäftigen.

Auf dem grünen Puschkin-Boulevard flanieren Mütter mit ihren Kindern und kaufen ihnen Zuckerwatte und pappiges Popcorn. In den teuren Restaurants sitzen zwischen leeren Tischen die neuen Donezker, die neue Elite, die durch die Revolution aufgestiegen ist. Aber auch sie sind von einer gewissen Melancholie ergriffen.

»Wir haben in einem normalen Land gelebt, und plötzlich sind wir zwischen den Trümmern der Zivilisation gelandet«, sagt Kommandant Derkulow, der Held in Gleb Bobrows *Zeit der Totgeborenen*, über den langen Krieg.

Die Gesichter der Restaurantbesucher erinnern uns an Derkulow.

Aus Berichten über die Zustände in der Donezker Volksrepublik:

»Zum ersten Mal in den letzten Monaten wächst die Zahl der unzufriedenen Bürger nicht weiter an. Die Zahl der entschiedenen Befürworter der DNR hat sich bei fünfzehn Prozent stabilisiert, und die der Gegner Neurusslands liegt zwischen zehn und fünfzehn Prozent. Die Stimmung ist zwar gedrückt, aber nicht dramatisch. Die Zahl derer, die das ukrainische Volk als Feind betrachten, ist von einundzwanzig auf sechzehn Prozent gesunken. Die Zahl derer, die die Ukrainer als Brüder betrachten, ist von vierundzwanzig auf zweiunddreißig Prozent gestiegen. Der Anteil derer, die den Donbass innerhalb der Grenzen Russlands sehen wollen, ist von siebenundsiebzig auf achtundvierzig Prozent gesunken. Die Zahl der Bürger, die die DNR verlassen wollen, ist gestiegen. Unternehmer, die mit der Kohleindustrie verbunden sind, sind besorgt über den Mangel an Visionen für die Zukunft der Republik und über die Lieferung von Kohle aus Russland an die Ukraine. Es gibt Gerüchte, Russland habe den Donbass von der Ukraine abgeschnitten, um selbst Kohle auf den ukrainischen Markt zu bringen. Nichtsdestotrotz nimmt die Zahl der VIP-Fahrzeuge auf den Straßen zu. Die Abwanderung von Fachkräften ist zu beklagen! Die Fernsehzuschauer sind unzufrieden mit der Prahlerei der Politiker in Militäruniformen. Deutlicher Rückgang der negativen Stimmung nach Einführung der Sozialleistungen. Empörung der Bevölkerung über das Verhalten der Soldaten der Volksbewegung in zivilen Einrichtungen, über Kleinkriminelle in den Armeekadern und über die zunehmende Willkür der Kommandeure. Das provozierende Verhalten der Anführer der Kampftruppen: exklusive Autos, teurer Alkohol, Prostituierte. Dagegen sind die Strafen, die diese Politiker über die Bürger für begangene Vergehen verhängen, unverhältnismäßig hoch. Zahlreiche Beschwerden von Anwohnern über Soldaten, die Eigentum stehlen, plündern und Menschen entführen.«

»Sinkende Kampfmoral. Immer weniger überzeugte Kämpfer. Ursache: ausstehende Offensive und Korruption im Führungsstab.«

»Wichtig! Die Umfragewerte der DNR-Politiker sind immer noch niedrig, aber der Abwärtstrend ist gestoppt. Andrei Purgin ist immer noch der beliebteste Politiker bei Intellektuellen und Geschäftsleuten. Positive Reaktion der Fernsehzuschauer auf den Auftritt von Alexander Sachartschenko in Anzug und Krawatte. Skeptische Haltung der Bevölkerung gegenüber Denis Puschilin. Seine Gewichtszunahme erregt Aufmerksamkeit.«

»Jedem zweiten Befragten ist es egal, wer an die Macht kommt.«

»Unter den Einwohnern finden sich Meinungen wie: ›Russland hat uns im Stich gelassen‹ und ›Niemand braucht uns‹. ›An der Macht sind Verbrecher‹ ist eine weit verbreitete Meinung.«

»Achtung: Am schlimmsten ist die Lage für Kriegsversehrte, Waisen, Alte und Familien mit einem Kind, die keinen Anspruch auf humanitäre Hilfe haben. Rentner werden von der Stiftung Rinat Achmetows betreut. Bargeld, das regelmäßig aus der Ukraine kommt, ist von großer Bedeutung. In der Onkologie fehlt es an Schmerzmitteln. Es gibt Berichte über Unterernährung bei mindestens der Hälfte der Bevölkerung und vereinzelte Fälle von Hungertoten.«

Zuerst ist man überwältigt von der Stille. Nicht einmal die Vögel sind zu hören, sie sollen schon vor Monaten weggeflogen sein. Die Taxifahrer wollen immer noch nicht in den Weiler Trudove fahren. Er liegt am Stadtrand, direkt neben der Grube Trudove, ganz vorne an der Front. Nur selten kommen Leute vorbei. Und wenn, dann sind sie meist alt und gebeugt. Diejenigen, die im Weiler geblieben sind, drängen sich für die Nacht zusammen und suchen Schutz in den Kellern, die sie eilig hergerichtet haben, als sich der Krieg vor einem Jahr Donezk näherte. Im Weiler Trudove befindet sich das Gemeindezentrum. Im Keller ist ein großer Schutzraum vorbereitet, Matratze an Matratze. An den Wänden sieht man Zeichnungen von Kraftsportlern und bunte Aufschriften, ›Bodybuilding‹, denn früher standen hier Sportgeräte und Tischtennisplatten. Jetzt sind nur noch Frauen da, die uns wie griechische Orakel an der Hand in die Dunkelheit führen. Sie sprechen einzeln oder alle zusammen:

»Kommt, kommt! Passt auf die Stufen auf, langsam. Wo ist Tante Gala? Wo ist Nataschka? Kommt, kommt! Zu dunkel? Ja, es ist zu dunkel. Die Glühbirnen gehen zu schnell aus. Aber die Augen gewöhnen sich an die Dunkelheit, wir können im schwachen Licht schon Gesichter und Formen erkennen. Da an der Wand können wir die Kraftprotze und die hübschen Mädchen gut erkennen. Als nächstes kommt die Umkleide. Setzen wir uns auf die Matratzen. Das ist unser Schlafsaal, unser Zuhause. Wir wohnen hier seit dem 12. Juli 2014. Schaut, was aus unserem Dorf geworden ist. Wir dachten immer, dass wir an einem der schönsten Orte der Welt leben. Die Abraumhalden sind wie Berge, wir haben Obstbäume und die Sonne scheint. Als die Minen noch in Betrieb waren, arbeiteten hier zweitausend Menschen. Aber dann stellte sich heraus, dass es der schlimmste Ort der Welt ist: die Frontlinie. Außerhalb des Kellers konnte man nicht mehr schlafen. Die ersten Granaten fielen gegen dreiundzwanzig Uhr auf Marjinka und auf unsere Mine, da waren schon einige Leute ins Gemeindezentrum gelaufen. Die meisten haben sich am nächsten Tag hier versammelt. Und dann haben die angefangen, ununterbrochen zu schießen. Und bis heute haben sie nicht aufgehört. Zuerst trugen wir die Sessel von oben herunter, aus dem Kinosaal, und wir saßen in diesen Kinosesseln und hörten dem Krieg zu. Wir haben nicht gleich gemerkt, dass der Krieg nicht nur für eine kurze Zeit gekommen ist, sondern dass er sich bei uns eingenistet hat und wohlfühlt. So begannen wir, uns in unserem Keller einzurichten. Jeder brachte mit, was er konnte. Matratzen, einen Tisch, Schüsseln, eine Heizung. Luba und Witali schlafen hier, Saschka und Anna da, die Kinder hier, Tante Gala drüben. Heute sind wir nicht viele, aber in den schlimmsten Zeiten haben hier sechzig Menschen geschlafen. Es gab Wochen, wo wir den Keller nicht verlassen haben, nicht mal für eine Minute. Wir haben im Keller geschlafen, im Keller gekocht, im Keller gepinkelt, im Keller sind wir krank geworden. Nach einer Weile lieferten humanitäre Organisationen Medikamente und Lebensmittel. Sie besorgten einen Ventilator, denn es war schwer, in der sauren, schweren Luft zu atmen. Und Bleichmittel, mit dem wir die Toiletten geflutet haben. Wir bekamen Herztabletten und Beruhigungsmittel, Grieß und Kartoffeln. Zwei Monate lang gab es keinen Strom. Wir wickelten uns in Decken und Federbetten ein. Unter der Erde ist es wärmer, weil die Wände dick sind. Unser Keller ist echt in Ordnung! Wir kauerten uns zusammen, damit es wärmer war. Nachts stach uns das Ungeziefer oder das Wasser tropfte uns auf den Kopf. Und wenn es tagsüber ruhiger war, gingen wir nach draußen, sammelten Zweige und machten ein Feuer, über dem wir eine Kanne Wasser für Tee kochten. Unsere orthodoxe Kirche ist abgebrannt, alle unsere Geschäfte auch, aber unser Gemeindezentrum wurde nie getroffen. Wenn eine Granate explodiert, ist das besonders schlimm. Woran erkennt man, dass eine Granate explodiert? Die Erschütterungen gehen durch alle Fingerknöchel und der Kopf dröhnt. In solchen Momenten kommen wir zusammen und umarmen uns. Wir haben gelernt zu erkennen, von welcher Seite geschossen wird und womit. Wie eine Totschka klingt und wie ein Smertsch. Und wenn es von Westen kommt, dann kommt nach zehn Minuten die Antwort aus dem Osten. Das wissen wir alles. Wenn du einen Schuss hörst und dann ein fiuuuuuuuu, ein immer lauter werdendes Pfeifen, dann musst du rennen, so schnell du kannst. Es gibt andere, die hörst du nicht, die hörst du nur, wenn sie schon zu Boden fallen. Im Sommer ist das Laufen gut, im Winter schlecht. Und du hast keine Zeit, dich anzuziehen, du wickelst dein Kind in eine Decke ein und rennst los. Manchmal, wenn du rennst und es knallt ganz nah, kannst du nichts machen und bleibst stehen, weil deine Beine von selbst aufhören. Wenn es eine Weile nicht mehr knallt, fangen wir an, Pläne zu schmieden: Wie wollen wir das Haus renovieren, welche Blumen und welches Gemüse pflanzen wir? Was kochen wir zu Weihnachten? Und dann knallt es wieder, und all diese dummen Dinge verschwinden aus unseren Köpfen. Am Neujahrstag hat sich einer von uns als Väterchen Frost verkleidet, aus allem, was wir finden konnten, aus alten Kleidern und Watte. Es war keine besonders tolle Verkleidung. Wir haben auch einen Weihnachtsbaum aufgestellt, schief und ein bisschen schäbig. Aber er war so schön. Wenn es ruhiger wird und wir zu den Häusern gehen, um nach dem Rechten zu sehen, und wir in die Gärten schauen, dann stockt uns der Atem. Die Rüben sind ausgerissen, die Kohlköpfe gestohlen. Es muss erst ein Krieg kommen, damit man sieht, wie die Menschen wirklich sind. Die einen, die Fremden, kommen immer wieder, helfen und interessieren sich. Und andere, die Eigenen, die Familie, gehen nicht mehr ans Telefon. Sie sagen, sie wollen dich nicht aufnehmen, sie haben keinen Platz für dich. Viele aus dem Dorf sind schon weggezogen. Sie haben ihr Erspartes genommen und sind auf die ukrainische Seite gezogen, zum Beispiel nach Vuhledar. Dort haben sich die Preise für Mietwohnungen verdreifacht. Sollen sie doch alle weggehen. Die Politiker und die Militärs auch, weg von den Menschen, irgendwo in die Wüste gehen, dort kämpfen und uns in Ruhe lassen. Wisst ihr, früher wenn man in unserem Dorf aus dem Haus ging, konnte man immer mit jemandem über den Zaun hinweg reden. Jetzt geht man raus und da ist niemand. Wenn doch nur jemand winken würde. Aber nein, du kannst nackt herumlaufen und keiner merkt es. Die Vögel singen nicht mehr, sie sind weggeflogen. Die Eichhörnchen kommen, weil der Wald so nah an der Front ist. Früher lag der Reisepass in der Schublade, und niemand erinnerte sich daran. Jetzt gehen wir sogar mit dem Pass aufs Klo. Manchmal ist es ein paar Tage ruhig. Dann gehen einige in die Stadt, auf den Basar, um Vorräte zu kaufen. Aber wir haben seit Monaten keine Gehälter und Renten bekommen, was sollen wir da kaufen? Neunzig Rubel fürs Öl. Wo gibt's denn sowas! Brot fünfzehn Rubel, oh Gott!

Ein Kilo Fleisch dreihundert Rubel? Wir laufen nur herum und schauen. Zuletzt haben wir eine schöne Wurst gesehen. Und sie war billig. Die Verkäuferin sagte, es sei eine Wurst für einen Hund. Wir gingen, ohne ein Wort zu sagen. Gut, sie hätte auch lügen können, die Wurst sei handverlesen oder so.«

Die Militärstaatsanwaltschaft hat zu den Vorfällen im Zusammenhang mit dem Bataillon ›Wostok‹ folgende Beschwerden entgegengenommen:

- von A. Balinet wegen illegaler Inhaftierung, Freiheitsberaubung und Zwangsarbeit auf Befehl des Bataillonskommandeurs;
- von V. Bogatschow wegen Diebstahls von 6600 Hrywnja aus seiner Brieftasche;
- von I. Bulgakow wegen bewaffneten Raubüberfalls und Diebstahls von zwei Renault und einem Toyota;
- von A. Gurowa wegen bewaffneten Raubüberfalls auf ihren Sohn und einen Bekannten sowie Freiheitsberaubung;
- von A. Jarow wegen gewaltsamen und bewaffneten Diebstahls von acht Autos;
- von V. Kutscheriawe wegen Einbruchs in ihre Wohnung und Diebstahls von 5.800 Dollar und einem Jagdgewehr;
- des Verkehrsministeriums (Abteilung Straßen und Kraftfahrzeuge) wegen der Beschlagnahme von zweiunddreißig Fahrzeugen auf dem Gelände der Behörde durch Soldaten des Bataillons;
- des Unternehmens Agro-Progres-Ukraine über die unrechtmäßige Ernte von unternehmenseigenen Sonnenblumen, insbesondere durch Angehörige des Bataillons mit den Spitznamen ›Meer‹, ›Sanitsch‹ und ›Löwe‹.

Im Zusammenhang mit den Aktionen des Bataillons ›Oplot‹ gingen bei der Militärstaatsanwaltschaft folgende Beschwerden ein:

- des Energieministeriums über die Beschlagnahme eines Lastwagens mit einer Kapazität von 8,7 Tonnen durch die Rebellen;
- des Energieministeriums über die Beschlagnahme des Bergwerks Petrowska durch das Bataillon;
- des stellvertretenden Direktors des Unternehmens Perspectiva, A. Kartamischows, über die rechtswidrige Beschlagnahme landwirtschaftlicher Erzeugnisse im Wert von 17.600 Hrywnja durch die Soldaten des Bataillons;
- von B. Cherednik wegen der Inhaftierung ihres Ehemannes;
- von S. Kotowa über die Beschlagnahme eines Autos durch die Rebellen;
- von S. Kurilowa über die Beschlagnahme eines Skoda Octavia, zweier Mobiltelefone und dreier Autoreifen durch Soldaten des Bataillons.

Die meisten Meldungen beziehen sich auf die Beschlagnahme von Autos, Dokumenten und materiellen Gütern durch die Rebellen. An zweiter Stelle stehen Verhaftungen, Beschlagnahmen von Firmeneigentum und das Verschwinden von Personen.

Wir laufen durch die aufgeheizten Straßen und besuchen alte Bekannte.

Irina Barybina, früher arbeitslos, hat eine Stelle im Innenministerium gefunden und bearbeitet nun staatliche Dokumente. Ihre Partei, den ›Russischen Block‹, gibt es nicht mehr, denn die Behörden lassen keine Parteien zu. Politische Bewegungen dürfen zwar bestehen, aber nur zwei wurden zugelassen: Die ›Donezker Republik‹ von Purgin und die Bewegung ›Freier Donbass‹ (gegründet von den Leuten um Pawel Gubarew, als die Bewegung ›Neurussland‹ nicht genehmigt wurde).

Irina ist frustriert:

»Habe ich damals nicht demonstriert? Habe ich nicht laut geschrien?«

Zu den letzten Wahlen ist sie nicht gegangen. Sie mag es nicht, dass Alexander Sachartschenko mit Orden behängt herumläuft wie die sowjetischen Generäle. Oder die Frauen der Oligarchen mit ihrem Schmuck.

»Sie haben viele Orden gestiftet: einen für die Verteidigung von Slowjansk, einen Heldenorden der DNR, einen für die Annexion der Krim.«

Auch ihr Mann hat sich gemeldet und ist in den Kampf gezogen. Die Tage sind lang geworden, und sie sucht nach Ritualen, die ihr helfen, die Trauer und das Gefühl der Sinnlosigkeit zu ertragen.

Wenn sie zur Arbeit geht, läuft sie um die Ecke des Gebäudes. Dort gibt es eine Reihe von Futternäpfen, eine Art Katzenkantine. Und auch Zwinger für streunende Hunde, von denen es seit dem Krieg unzählige in der Stadt gibt. Sie wirft ihnen etwas Käse oder Wurst hin, manchmal kocht sie auch Brei, und sieht ihnen beim Fressen zu. Sie ist entsetzt über die Leere in der Stadt.

»Ich gehe die Straße entlang und höre ein Quietschen. Es ist die Schaukel auf dem Spielplatz, die der Wind bewegt«, erzählt sie und zündet sich eine Zigarette nach der anderen an. »Aber es ist wie es ist. Auch wenn es noch schlimmer wäre: Immerhin leben wir hier in unserer russischen Welt. Das zählt doch, oder?«

Professor Baryschnikow zeigt kein Lächeln, keine Begeisterung, keinerlei positive Regung.

»Von einem enthusiastischen Separatisten«, sagt er, »bin ich heute zu einem gemäßigten Separatisten geworden.«

Je mehr er trinkt, desto gemäßigter wird er.

»Und Neurussland?«

»Das war ein Traum! Aber er ist am Ende. Die Idee ist auf Eis gelegt, das Parlament tagt nicht einmal mehr. Militärisch ist es heute unmöglich, Donezk einzunehmen, die Grenze ist gesichert. Aber wir könnten mehr Land gebrauchen, Expansion ist nichts Schlechtes. Wir müssen expandieren.«

»Wie steht es um die Volksrepublik Donezk?«

»Ja, da gab es Diebstahl und Korruption. Aber vielleicht ist das eine Krankheit der republikanischen Jugend, wie Pubertätsakne? Nachdem wir der Welt verkündet haben, dass wir eine Volksrepublik aufbauen, die gerecht und gut ist, müssen wir auch alles dafür tun, dass es so wird. Die Welt schaut zu und wartet.«

»Und Sie, Herr Professor, was machen Sie gerade?«

»Ach, ich habe in den letzten Monaten kaum das Haus verlassen. Meine Frau hat Angst, dass auf mich ein Attentat verübt wird, wie kürzlich auf den Staatschef. Ich gehe nicht einmal mehr Bier trinken, ich trinke zu Hause, meine Frau bringt es mir.«

Wie kann man da glücklich sein?

Andrei Purgin landet mit einem Schlaganfall im Krankenhaus, die Ärzte diagnostizieren eine Schädigung des linken oberen Kleinhirnlappens. »Tja, wenn man ein Jahr lang nur fünf Stunden am Tag schläft, was kann man da schon erwarten«, zuckt er mit den Schultern.

Er ist wieder zum Chef der Organisation der ›Donezker Republik‹ gewählt worden. Seine Kandidatur hat Denis Puschilin, sein derzeit engster Mitarbeiter, vorgeschlagen. Vom stellvertretenden Ministerpräsidenten wurde Purgin erst zum Sprecher des Parlaments der DNR und dann zum Vorsitzenden des Volksrates. Seine Kandidatur wurde vom gesamten Parlament einstimmig bestätigt. Heute trägt er noch bessere Anzüge und reist nach Minsk, um die gesamte Republik bei den Friedensgesprächen zu vertreten.

Und Sascha de Krog? Manchmal kommt er in unsere Wohnung, zieht an der Türschwelle die Schuhe aus und setzt sich auf das knarrende Sofa, die Pistole im Gürtel. Ein Jahr lang war er Kommandant einer Einheit und zuständig für zwei Bezirke in Donezk. Er überwachte Wahlen und Geldzahlungen, säuberte das Gebiet von illegalen Gruppierungen, darunter auch Ataman-Regimenter. Die Donezker Kosaken wollten den volksrepublikanischen Befehlshabern nicht gehorchen, sie hätten den Tod von Zivilisten auf dem Gewissen, behauptet er.

»Also haben wir eine Razzia durchgeführt, ihre Anführer verhaftet und gleichzeitig die Stützpunkte der Kosaken umstellt. Sie haben versucht, nach Russland zu fliehen, jetzt sitzen sie im Gefängnis von Donezk und warten auf ihre Verurteilung. Ihnen droht die Todesstrafe«, sagt er. In seinen Socken sieht er nicht aus wie ein furchterregender Kommandant, eher wie der Sascha von vor dem Krieg. Er trinkt seinen Tee in kleinen Schlucken und spricht wie immer mit leiser Stimme, wenn er über den Tod spricht.

Im Winter, zum Fest der Taufe des Herrn, badete er nach russischem Brauch in einer Wune und zog mit seiner Warjag-Truppe, benannt nach dem Spitznamen des Kommandanten, an die Front. Seitdem kämpfte Sascha de Krog bei Debalzewe und Pieski. Er wurde dreimal verwundet, verlor zwei seiner Männer in Debalzewe und einen, den Taxifahrer Serjoscha, in Pieski. Er war im Dorf Schyrokyne (das es nicht mehr gibt), in Gorlowka, in Sachanka (überall tote Zivilisten auf den Straßen). Als er die georgischen Truppen aus Schyrokyne vertrieb, flohen sie und hinterließen Teppiche und Mikrowellen.

Am vergangenen Freitag wurde ein weiterer seiner Männer überraschend gefangengenommen. Der Feind war unter heftigem Beschuss schnell vorgerückt und hatte das Funksignal gestört. Angeblich sollten seine Männer Verstärkung bekommen. Doch es war zu spät. Wahrscheinlich werden die Gefangenen wie üblich ausgetauscht: Sascha ruft bei den feindlichen Truppen an und die Männer werden unter den Gewehrläufen der Scharfschützen freigelassen. Beide Seiten machen das Gleiche, bleiben schussbereit, bis jeder wieder bei seinen eigenen Leuten ist.

Sascha spricht oft mit ukrainischen Gefangenen und versteht sie nicht. Im September hat er einen aus Ternopil erwischt, der behauptete, er sei gekommen, um ukrainische Städte von der tschetschenischen Besatzung zu befreien. »Und ich soll ein Tschetschene sein?«, fragte er. »Ja, das bist du«, antwortete der Junge.

Wenn Sascha von Gesprächen mit Gefangenen erzählt, ist er oft überrascht, dass sie genauso an ihre Sache glauben wie er an seine.

»Unser junger Staat kommt gut zurecht. Neue Gesetze werden geschrieben, die Ministerien und die Staatsanwaltschaft machen ihre Arbeit. Und es liegt an mir, die Front zu halten. Aber um ehrlich zu sein, wir hatten höhere Erwartungen. Das Schlimmste ist, dass die Banken noch nicht geöffnet haben und wir die Gehälter mit Geld aus Säcken bezahlen, weil die Geldautomaten nicht funktionieren. Die Moral sinkt.«

»Was machst du, wenn der Krieg vorbei ist?«

»Vielleicht in die Politik gehen? Aber um in die Politik zu gehen, muss ich noch warten, bis sich die Lage geklärt hat. Ihr seht ja, was passiert, Politiker fallen schnell von ganz oben nach ganz unten. Manche haben in der Politik auch nichts zu suchen, die werden geschnappt und ins Gefängnis gesteckt. Ich werde weiter warten. Und ja, ich habe den Krieg satt, das ist wirklich wahr.«

»Wird es leicht sein zu gehen?«

»Na ja, zugegeben, ohne Waffen fühle ich mich nicht mehr wohl. Als ich im Parlament war, musste ich meine Waffe am Eingang abgeben. Ich fühlte mich nackt. Schlimmer noch, als hätte ich keine Nieren und keine Leber mehr.«

Ein einsames Auto fährt die Straße entlang. An einem Holztisch hebt Professor Baryschnikow sein Glas und stößt auf die Donezker Republik an, die der Revolutionär Artjom vor fast einem Jahrhundert ins Leben gerufen hat.

Aber die Republik von Artjom existierte nur einen Wimpernschlag lang, und man weiß nicht einmal, wie sie wirklich hieß. Offiziell war im Gründungsbeschluss von der »Loslösung des Donezbeckens« die Rede, vom »Donez- und Kriwoi-Rog-Becken«. In anderen Dokumenten war von ›Donezker Republik‹, ›Donezker Sowjetrepublik‹, ›Donezker Föderation‹ und sogar ›Don-Republik‹ die Rede. Und schließlich: Republik Donez-Kriwoi Rog (RDKR). So nannte sie Artjom.

Die Abspaltung wurde zunächst nicht von Revolutionären wie den Bolschewiki, sondern von Industriellen unterstützt.

Als aus dem Dorf von John Hughes eine Stadt geworden war, wurde der Donbass in drei Verwaltungseinheiten aufgeteilt. Das Firmengelände wurde zweigeteilt. Die Gebäude der Firma Hughes befanden sich sowohl in Donezk-Jusowka (Gubernia Jekaterinoslaw) als auch im benachbarten Makijiwka (Teil der Region Don). Dies behinderte die Entwicklung, da in jedem Gouvernement andere Regeln und teilweise auch andere Gesetze galten.

Auf der Versammlung der südrussischen Bergbauindustriellen wurden Reformen gefordert. Noch unter dem Zaren gab es Bestrebungen, den Donbass zu einer Region zusammenzufassen, und während der Februarrevolution wurde in Charkow ein Provisorisches Komitee des Donezbeckens gebildet.

Währenddessen wurde in den Wirren des Ersten Weltkriegs in Kiew ein unabhängiger ukrainischer Staat, die Ukrainische Volksrepublik (UVR), gegründet. Auch sie plante, den Donbass in ihre Grenzen einzubeziehen. Die ukrainischen Bolschewiki, die sich mit der Gründung der UVR nicht abgefunden hatten, hielten nach einem erfolglosen Versuch, die Macht in Kiew gewaltsam an sich zu reißen, ihren Kongress in Charkow ab und gründeten ihren eigenen Staat, die Ukrainische Sowjetrepublik, die wiederum den russischen Bolschewiki untergeordnet war.

Das Rad der Geschichte drehte sich nicht nur – es raste voran. Soldaten, Revolutionäre, Politiker, Diktatoren. Streiks, Aufstände und meuternde Truppen. Großbetriebe brachen zusammen, es gab Versorgungsengpässe, es fehlte an Öl, an Brot. Die Bergleute verließen die Minen und kehrten aufs Land zurück. Und die Dörfer weigerten sich (als Reaktion auf die Zwangskollektivierung), die Städte zu beliefern. In Moskau kam ein Telegramm aus dem Donbass an: »Es gibt überhaupt kein Brot.«

Artjom war gerade aus Australien nach Charkiw gekommen. Er war 34 Jahre alt und im Donbass eine Legende. Schnell sammelte er zahlreiche Genossen um sich. Er wurde zum Sekretär des Bezirkskomitees der bolschewistischen Fraktion gewählt und in das Zentralkomitee aufgenommen. Artjom erfuhr, dass die Arbeiterinnen und Arbeiter und auch die bolschewistischen Aktivisten im Donbass nicht glücklich darüber waren, ungefragt an die Sowjetukraine angeschlossen zu werden. Sie forderten eine Volksabstimmung. Artjom schlug die Schaffung einer unabhängigen Region Donezk vor. Im Januar 1918 wurde auf dem Kongress der Räte ein Resolutionsentwurf ›Über die Abtrennung des Donezbeckens‹ verlesen. Fünfzig der vierundsiebzig Delegierten stimmten für die Gründung der Republik Donez-Kriwoi Rog. Erste Beschlüsse: Einführung des Acht-Stunden-Tages und eines obligatorischen Monatsurlaubs, einer Steuer für Café- und Restaurantbesucher und einer Vermögensteuer. Betriebe, darunter Hughes-Stahlwerke und Bergwerke, wurden verstaatlicht.

Der Erste Weltkrieg ging weiter. Im Februar unterzeichnete die Ukrainische Volksrepublik einen Friedensvertrag mit Österreich und Deutschland und bat diese Länder, sie gegen die Bolschewiki zu verteidigen. Innerhalb von drei Wochen marschierten österreichische und deutsche Truppen in den Donbass ein. Bis zum Frühjahr hatten sie das gesamte Gebiet der RDKR besetzt. Die Bolschewiki erkannten die Notwendigkeit, das administrative Chaos zwischen der Ukrainischen Sowjetrepublik und der Republik Donezk-Kriwoi Rog zu überwinden und eine Einheitsfront zu bilden. Sie erklärten, der Donbass müsse Teil der Sowjetukraine werden. So entstand die Ukrainische Sozialistische Sowjetrepublik.

Als Vertreter der RDKR erkannte Artjom diese Entscheidung an. Als die Mittelmächte nach ihrer Niederlage im Ersten Weltkrieg begannen, sich aus den besetzten Gebieten zurückzuziehen, waren die Bolschewiki bereits dabei, dort einzumarschieren. Die Sowjetukraine wurde mit dem Donbass zu einem Teil der UdSSR. Ein richtiger Staat war die Republik Donez-Kriwoi Rog nie, sie blieb ein Instrument der Bolschewiki, die geschickt mit der Stimmung im Donbass spielten.

»Die Geschichte wiederholt sich immer zweimal – das erste Mal als Tragödie, das zweite Mal als Farce«, zitieren wir die Worte von Karl Marx, den Professor Baryschnikow so sehr schätzt. Aber der Professor lächelt nicht einmal.

Soja Andrijiwna muss ihren Mann anlügen, um zu uns zu kommen.

Ihr Mann wird immer wütender, weil sie sich andauernd in politische Streitigkeiten einmischt. Er meint, sie solle sich lieber raushalten, es sei viel vernünftiger, wenn sie zu Hause in Ruhe alles abwarte. So geht Soja immer seltener raus. Manchmal besucht sie ihre Freundin Olena, die ehemalige Direktorin der Schule, mit Haaren so schwarz wie die Kohle des Donbass. Seit sie im August zu ihrer Familie nach Nowoasowsk gefahren ist, kann Olena das Haus nicht mehr verlassen: Mit einem Ruck kam der Bus zum Stehen, ein Knall war zu hören, dann war es still. Die Menschenmenge hörte auf, eine Menschenmenge zu sein, und zerstreute sich in alle Richtungen, so weit es ging. Olena stürzte und brach sich die Hüfte an elf Stellen.

Am schlimmsten war es für Soja im September. Damals machte man es so: Man setzte schnell ein Huhn in einem Topf auf den Herd und rannte in den Keller, um sich zu verstecken. Und während man im Keller war, kochte das Huhn. Man trank die Brühe, schlief in Kleidern, mit warmen Stiefeln und in einer Fufaika, damit man sofort bereit war.

Im Keller hortete Soja Konserven und Wasser. Sie hörte nicht auf ihren Sohn, der ihr am Telefon immer wieder erklärte: »Mutter, jetzt gibt es so eine Militärtechnik, wenn ein Geschoss fällt, hilft dir kein Keller mehr.«

Dann wurde es ruhig und man konnte sich wieder in der Wohnung aufhalten. Doch schon bald begannen die Durchsuchungen. In Sojas Wohnung waren es insgesamt vier. Bei der ersten und zweiten kamen betrunkene Männer in Tarnanzügen, und weil sie betrunken waren, waren sie auch unaufmerksam und konnten nichts finden. Beim dritten Mal schlugen sie die Tür ein und fanden Patronen für die Amurtiger-Jagd (Sojas Mann hatte früher in Sibirien gejagt). Soja besaß auch ein Gewehr, aber sie hatte es nicht mehr zu Hause aufbewahrt und es gut versteckt. Nur die Patronen für den Tiger hatte sie zurückgelassen. Bei der vierten Durchsuchung fanden sie eine Briefmarke mit dem Dichter Taras Schewtschenko und ein Buch über Bandera. Also zogen sie ihr und ihrem Mann Säcke über die Köpfe und brachten sie ins Hotel Liverpool.

Die Tigerpatronen, die Briefmarke und das Buch kosteten sie einen Tag Haft. Bei ihrer Rückkehr fanden sie das Haus auf den Kopf gestellt vor, alles war aus den Schränken und Regalen gerissen worden. An der Haustür lag ein Buch mit dem Titel *Sex im Leben eines Mannes*, auf dem Boden ein ausgedrücktes Gleitgel, das ihr Sohn in einem Schrank aufbewahrt hatte.

»Jetzt, wo ich das erlebt habe, hat sich etwas in mir verändert. Ich habe ein bisschen Angst, Brot zu holen«, sagt Soja. »Wenn ein Auto vorbeifährt, frage ich mich gleich, ob es neben mir halten wird. Ständig verschwinden Leute, sie halten dich wegen eines kleinen Vergehens an und du weißt nicht, was dich erwartet, es ist wie eine Lotterie. Ein Bekannter von mir hatte seinen Ausweis nicht dabei, also hat man ihn in der Stadt zum Unkrautjäten verdonnert. Ein Nachbar von mir ging aufs Dach, um eine Antenne zu reparieren, da stellten sie ihn an die Wand und erschossen ihn. Sie sagten, man dürfe nicht ohne Erlaubnis auf ein Dach steigen.«

Sie versucht immer noch, Leute aus dem Gefängnis zu holen, aber immer weniger, weil sie immer weniger Freunde in den Behörden hat und immer weniger Hoffnung und Energie. Am meisten erschreckt Soja, was mit ihren Schülern passiert. Einem Jungen sind die Eltern umgebracht worden, als sie nach Hause kamen, um den Hund zu füttern. Einem Mädchen wurde zu Hause das Bein abgerissen. Andere sind in den Kampf für die Donezker Volksrepublik gezogen, Jungen im Alter von sechzehn, siebzehn Jahren. Am Ende des Schuljahres kamen sie mit ihren Gewehren, um ihre Zeugnisse abzuholen. Soja hat auch Schüler auf der anderen, der ukrainischen Seite. Es tut ihr in der Seele furchtbar weh zu sehen, wie die Mitschüler aufeinander schießen. Wenn die Schießerei losgeht, rufen sie sich wenigstens oft vorher an. Versteckt euch, in einer Stunde geht es los. Und von der anderen Seite: Schließt die Läden, wir fangen an.

»Überall gibt es Spaltungen«, erzählt sie. »Nehmen wir unseren Hof. Das ganze Leben zusammen, Erdgeschoss, erster Stock, zweiter Stock, da wurde nie viel über Politik geredet, vielleicht mal ein bisschen über die Behörden geschimpft. Jetzt kann man nicht mal mehr zusammen vor dem Haus sitzen. Der Wachmann streitet sich mit dem Arzt, der Elektriker mit dem Arbeitslosen. Der Professor hasst den Handwerker und die Krankenschwester schimpft mit den Ladenbesitzern.«

Auch Sojas Söhne sind für die Ukraine in den Krieg gezogen. Sie kann niemandem davon erzählen. Nur manchmal fragt sie sich, woher die Kugel kommt, die gerade eingeschlagen hat. Der Jüngere ist zweiunddreißig Jahre alt. »Bist du auf Dienstreise?«, fragt sie ihn am Telefon. Das ist ihr Geheimwort. »Ja, Mama, auf Dienstreise.«

Der Ältere hat drei Kinder, aber auch er hat sich gemeldet.

Besonders leid tun ihr die Lehrer. Seit letztem Jahr würden keine Gehälter mehr gezahlt. Das ukrainische Ministerium habe geschwiegen, und wenn sie zur Arbeit gingen, bekämen sie zu hören, dass es Landesverrat sei, jetzt in einer Schule in Donezk zu arbeiten.

»Aus Kiew kam das Gerücht, dass den Lehrern eine Gefängnisstrafe droht, wenn sie die Stelle antreten. Und aus der DNR, wenn sie es nicht tun. Die 12-Punkte-Notenskala wurde durch eine russische 5-Punkte-Skala ersetzt. Auch Geografie und Geschichte der Ukraine wurden gestrichen«, fährt Soja fort.

»Die neue Regierung hat den Unterricht auf Ukrainisch verboten. Aber an meiner Schule wurden die Schülerinnen und Schüler am ersten September auf Ukrainisch begrüßt«, erzählt Olena. »Und dann kamen die Drohungen. Der Schulleiter bekam Angst und ging. Jetzt unterrichten wir auf Russisch und haben statt tausend nur noch zweihundertsechzig Schüler.«

Eine Unterrichtseinheit über die russische Geschichte und die Geschichte der Region Donezk wurde eingeführt, wobei betont wurde, dass es sich um russisches Territorium handle.

Die Kinder schrieben in ihre Hefte: »Der Donbass ist meine Heimat. Eine Region voller Schönheit. Donezk ist die Hauptstadt der Donezker Volksrepublik. Diese junge Stadt liegt am Ufer des Kalmius.«

In den ›Unterrichtsrichtlinien‹, die das Bildungsministerium der DNR an die Lehrer verteilt hat, wird empfohlen, über die Große Hungersnot anders zu sprechen. Nicht so scharf, dass es ein vorsätzlicher Völkermord gewesen sei, sondern dass verschiedene Faktoren zu diesem Unglück geführt hätten …

Wir wollen Bildungsminister Igor Kostenok zu den Änderungen befragen. Wir rufen so oft im Ministerium an, bis man uns sagt: »Der Minister gibt zur Zeit keine Interviews.«

Nun, »zur Zeit keine Interviews geben« ist ein Euphemismus, denn der Minister wurde wegen Veruntreuung von Staatsvermögen und Unterschlagung von Hilfsgeldern verhaftet.

Soja: »Eine der Schulen, in denen ich gearbeitet habe, war in der Nähe des Flughafens, jetzt ist sie zerstört. Es gibt ein Dekret von Alexander Sachartschenko, dass Familien, die in gefährlichen Gebieten leben, ihre Kinder nicht zur Schule schicken müssen. Dienstags treffen wir uns in den Häusern der Kinder, die nicht zur Schule gehen, und unterrichten sie in Ukrainisch, Russisch, Mathematik, Physik und Chemie.«

Olena: »Zum Tag des Sieges am 9. Mai haben die Fünftklässler eine Schülerzeitung gebastelt und mit Mohnblumen verziert. Das ist ein ukrainisches Symbol, Politiker heften sie sich an die Jacke. Ein Elternteil hat die Mohnblumen gesehen und den Vorfall gemeldet.«

Soja: »Sie schickten Fotos an den Sicherheitsdienst, zwanzig bewaffnete Männer kamen in die Schule. Sie wollten die Direktorin entlassen. Wir riefen den Bildungsdirektor im

Ministerium an und erklärten ihm, dass die Kinder die Blumen gemalt hatten, die ihnen in den Sinn gekommen waren. Sollen wir alle Mohnblumenfelder mähen, nur weil diese Blume als Symbol genutzt wird? Die Schulleiterin wurde für einen halben Tag verhaftet, aber wieder freigelassen, und sie bekam nur einen Verweis.«

Soja und Olena sind hartnäckig. Früher musste man in Donezk hartnäckig sein, um Ukrainer zu sein. Aber heute ist alles durcheinander. Von der Regierung in Kiew halten die beiden nicht mehr viel. Und das, obwohl Olena ihre ganze Wohnung mit ukrainischen Fahnen geschmückt hat, und Soja der ukrainischen Kulturorganisation Proswita angehört und das ganze Jahr über hilft, Menschen aus den Gefängnissen der DNR zu befreien.

Soja: »Ich liebe die Ukraine nicht mehr. Habe ich etwa aufgehört, Ukrainerin zu sein? Niemand hat mir meinen ukrainischen Pass weggenommen, aber ich höre Abgeordnete in der Ukraine sagen, dass ich besser von Russland oder von der DNR unterstützt werden soll. Ich habe weder für Russland noch für die DNR gearbeitet und ich will auch nichts von ihnen. Aber die Ukraine tut alles, um uns völlig von sich zu trennen, damit sie keine Probleme mit uns hat. Am besten wäre es wohl, Donezk loszuwerden. Wenn ich mit meinen Freunden aus Lemberg oder Iwano-Frankiwsk spreche, finde ich mit ihnen keine gemeinsame Sprache mehr. Sie wissen nicht, was bei uns passiert, sie verstehen es nicht. Sie sagen: Wenn du in die Ukraine willst, dann zieh doch weg. Aber wohin? Und mit welchem Geld? Viele von denen, die geflohen sind, kommen zurück, weil sie nichts zum Leben haben. Kiew hilft den Flüchtlingen kaum. Mir gefällt nicht, was in Donezk passiert, aber mir gefällt auch nicht mehr, was die Ukraine macht.«

»Sie haben uns ausgesperrt«, erklären sie. »Beide Seiten haben sich geeinigt. Ein Ukrainer aus Donezk in der Ukraine zu sein, ist jetzt das Schlimmste. Hier wollen sie uns nicht, und im Westen, jenseits der Stützpunkte, sehen sie uns als Feinde des Volkes. Es bringt einen zum Weinen, wenn Kiew sagt, dass der Donbass nichts tut und nicht für die Ukraine kämpft.«

»Ich habe zwei Söhne und beide kämpfen für die Ukraine. Aber ich kann das nicht an die große Glocke hängen!« Soja ist wütend. »Wenn meine Jungs nach Donezk zurückkommen, werden sie all diese Bastarde an Laternenpfählen aufhängen!«

Olena kann sich wegen ihres Hüftbruchs nur mit Hilfe eines Rollators fortbewegen. Sie wirkt traurig, wenn über Politik gesprochen wird. Es wird auch immer schwieriger, mit ihr zu reden, weil bei ihr alles immer mehr durcheinandergerät. Sie läuft durch die staubige Wohnung und besteht darauf, uns die Kekse zu servieren, die sie für unerwarteten Besuch eingelagert hat. Aber es hat sie schon lange niemand mehr besucht und sie hat vergessen, wo sie die Kekse hingelegt hat.

Soja überlegt, ob sie auf die andere Seite der Front gehen soll, nach Mariupol, heimlich. Wenn die Ukraine ihr nicht helfen will, kann sie wenigstens zeigen, was wirklich in ihr steckt. Vielleicht könnte sie in der Armee nützlich sein? Sie wird gehen! Und sie wird es ihrem Mann nicht sagen. Oder sie wird sagen, dass sie wegen der Rente gehen muss.

Soja spricht, als würde sie es selbst nicht glauben.

Jeden Montag versammelt sie eine Gruppe alter Lehrerinnen und Lehrer, und wenn es ruhig ist und keine Schüsse fallen, gehen sie zu ihrer zerbombten Schule in der Nähe des Flughafens, um aufzuräumen.

»Kommt mit«, schlägt uns Soja vor. »Habt ihr Lust?«

Die ganze Stadt ist krank und es fehlt an Medikamenten.

Soja Andrijiwna wollte Baldrian kaufen, aber als der Apotheker die letzte Flasche auf den Tresen stellte, griff der Mann, der hinter ihr in der Schlange stand, nach der Flasche und wollte sie nicht mehr loslassen. Er sah so verwirrt aus, dass Soja ihm die Flasche überließ.

Der Vorrat an Herzmedikamenten und Beruhigungstropfen geht zur Neige. Die ständige Gefahr, das ständige Zittern bei jedem Geräusch, das Lauschen nach draußen, all das ertragen manche nicht mehr. Jede Nacht fallen Schüsse auf die Stadt. Es gibt Tage, an denen sie näher zu sein scheinen, und Tage, an denen sie weiter weg sind. Aber nie verschwinden sie ganz.

Um Mitternacht, mit der Ausgangssperre, werden die Bewohner daran erinnert, dass sie in einer Stadt mit anderen Regeln leben und dass sie sich daran gewöhnen müssen, sonst sind sie verloren. Wie hält man so etwas aus? Einige schaffen es. Sie gewöhnen sich an die Checkpoints und Barrikaden und passieren die Blindgänger ohne Angst. Aber nicht jeder kann das. Krankheiten kehren vermehrt nach Donezk zurück, die es hier wegen der verschmutzten Luft und der harten Arbeit schon immer gegeben hat. Eine Lawine von Schlaganfällen und Herzinfarkten kommt zu der Verwirrung, der Hilflosigkeit, der ständigen Anspannung und dem Stress hinzu.

Wir fahren mit humanitären Hilfsgütern der ›Verantwortlichen Bürger‹ durch die Dörfer rund um Donezk und verteilen Medikamente. Im Stadion von Schachtar Donezk holen wir die Lieferungen ab. Einst der Stolz der Stadt, ist das staubige, von Granatsplittern durchsiebte Stadion heute ein Lager der Rinat-Achmetow-Stiftung.

Vor Kriegsbeginn hätte der reichste Mann des Donbass die Separatisten jederzeit aufhalten können. Doch er versuchte, an zwei Fronten zu spielen: In Kiew rief er zu einer friedlichen Lösung auf, im Osten versuchte er, die Stimmung anzuheizen, um bei den Gesprächen mit den neuen Machthabern in einer besseren Position zu sein. Doch dann gerieten die Dinge außer Kontrolle. Separatisten erhoben sich gegen ihn, und in der revoltierenden Stadt sprach man sogar davon, Achmetows Fabriken und Minen zu enteignen. Am Ende hatte niemand den Mut dazu. Obwohl der Geschäftsmann den Donbass verlassen musste, nahmen einige seiner Fabriken die Produktion wieder auf. Aber er verlor viel Einfluss, sowohl in der DNR als auch in Kiew.

Unterdessen organisierte Achmetow humanitäre Hilfe für die Menschen im Donbass. Allein in den ersten Monaten des Krieges evakuierten seine Mitarbeiter fast vierzigtausend Menschen und verteilten Lebensmittel und Medikamente. Die Umkleidekabinen der Donbass-Arena wurden zum Lager für Hilfsgüter.

Zwanzig Männer laden den Transport aus, tragen die Säcke im Gänsemarsch über einen Holzsteg, gehen aneinander vorbei, ohne sich anzusehen. Eineinhalb Minuten dauert der Weg vom Lastwagen zum Stadion, dann geht es in monotonem Marsch zurück, und so weiter, mehrere Stunden lang. Für ihre Arbeit erhalten sie einen Sack mit Lebensmitteln.

Achmetows humanitäre Hilfe beläuft sich auf ein Paket alle 35 Tage. Anspruchsberechtigt sind Rentner, Pensionäre, Waisen und Eltern mit mehreren Kindern. Die Zuteilung muss oft für die ganze Familie ausreichen. Es gibt verschiedene Arten von Paketen. Die gängigsten enthalten Nudeln, Konserven, Öl,

Mehl, Zucker und Erbsen. Die ›Kinderhilfe-Pakete‹ bestehen aus Gries, Passiertem, Milch und Windeln. Die ›Gesundheits-Pakete‹ mit Medikamenten sind für Schwangere, Mütter und alte Menschen.

Über dem Stadion wehen verblichene orange-schwarze Schachtar-Fahnen.

Wir beginnen mit Makijiwka. Die Sonne hat den Schlamm getrocknet, der Boden ist rissig, die Straßen sind so buckelig, als wären sie von Bergwerksstollen ausgehöhlt. Überall stehen leere Höfe und lange Arbeiterhäuser, deren Bewohner zur Hälfte weggezogen sind. Makijiwka ist eine Stadt wie aus einem schweren, erschöpften Traum, die Stadt des Separatisten Sascha de Krog. Hier versteckte er sich mit seiner Truppe, inmitten einer Landschaft aus Kopfsteinpflaster, Pfützen und Abraumhalden, alles wie auf einem anderen Planeten.

Hausnummer 319: eine Auswahl von Medikamenten für eine Herzschwache.

Hausnummer 32: Medikamente für eine Querschnittsgelähmte.

Hausnummer 14: Insulin und Augentropfen gegen Bluthochdruck.

Hausnummer 111: ein Mädchen mit infantiler Zerebralparese nach einer allergischen Reaktion auf die Polio-Impfung.

Hausnummer 98: niedriger Hämoglobinwert.

Im Haus Nr. 14 hat Fjodor die Stelle, an der seine Beine sein sollten, mit einer Decke zugedeckt. Das erste hat er vor drei Jahren verloren, das zweite vor einem Jahr, beide wegen Diabetes. Die Wunde am ersten Bein eitert noch. Fjodors Frau hat gelernt, wie man Verbände macht, denn kein Arzt kommt zu ihnen. Wir bringen ihm Insulin. Da sie kein Wasser mehr haben, haben sie sich von den Nachbarn einen Trog geliehen, um sich darin zu waschen. Fjodor hat ein paar Kilo zu viel auf den Rippen und seine Frau ist schon älter. Wenn die Wände unter den Schüssen zu wackeln beginnen, wollen sie instinktiv weglaufen. Doch sie können nicht weglaufen. Also setzen sie sich aufs Bett und decken sich mit einer Decke zu.

Haus Nr. 77, Haus Nr. 23 …

Die Vereinigung ›Verantwortliche Bürger‹ wurde von vier Personen gegründet: von Schenja Schjalow, Journalist, seinem Bruder Dima, dem Unternehmer und Besitzer einer Werbeagentur, Enrique Menendez, und von Marina Tscherenkowa, vor dem Krieg Stadträtin. Als Russland die Krim annektierte, organisierte Enrique ›Demonstrationen für die Einheit‹. Er hatte viel Freizeit. Im März hatte er noch 33 Kunden, im Juli nur noch drei. Banken und Baufirmen schlossen, Autohändler zogen um. Schließlich gingen alle seine Mitarbeiter. Er nahm die Möbel aus seinem Büro im Green Plaza (von hundertfünfzig Firmen auf siebzehn Stockwerken waren nur noch drei übrig) und überlegte, was er als Nächstes tun sollte.

Schenja arbeitete damals als Fremdenführer und half westlichen Journalisten, Kontakte zu knüpfen. Manchmal bat er Enrique, Kommentare für die BBC oder CNN zu machen, und so trafen sie sich immer öfter. Ein anderer Journalist machte sie mit Marina bekannt, und dann kam auch noch Schenjas Bruder Dima dazu.

Sie waren zu viert, und eine Lüge verband sie.

»Die allgemeine Botschaft aus der Hauptstadt war, dass es in Donezk nur noch Terroristen und Kriminelle gibt«, sagt Enrique. »Dabei war die Mehrheit der Menschen in Donezk weder auf der einen noch auf der anderen Seite. Sie wollten Frieden. Wir sind nach Kiew gefahren, um ihnen zu sagen, wie es wirklich ist. Denn wir dachten, vielleicht wissen sie es nicht. Vielleicht verstehen sie es nicht? Wir haben uns mit Vertretern der OSZE getroffen, waren in den Botschaften von Deutschland, Spanien und Großbritannien. Nur die Vertreter der neuen Regierung wollten uns nicht wirklich treffen. Von Kiew aus kann man den Donbass kaum sehen, die Schüsse kaum hören. Laut offizieller Liste gab es damals 65 humanitäre Organisationen, die in der Ukraine arbeiteten, aber keine einzige in Donezk. Wir wollten mit diesen Organisationen sprechen. Wir kamen zu den wöchentlichen Treffen, wo Männer in Anzügen und Frauen in Businesskleidern Latte Macchiato tranken und über ihre Berichte diskutierten. Die meisten verstanden nicht, was in Donezk vor sich ging, sie nickten nur, ja, ja, Herr Menendez, Respekt, Respekt. Ein weiterer Monat, weitere Koordinationstreffen, mehr nicht. Dann kamen die Ärzte ohne Grenzen, sie waren großartig. Ihr Chef setzte sich ins Auto und fuhr nach Gorlowka, wo Bezlers Bataillon stationiert war, und brachte die Medikamente persönlich. Hunderte Menschen aus Jassynuwata, Marjinka, Schachtarsk und Awdijiwka waren bereits in Donezk angekommen. Die Separatisten hatten sie aus den umliegenden Orten gebracht, die unter Beschuss standen. Sie hatten ihnen eine Viertelstunde gegeben, um sich auf die Evakuierung vorzubereiten, und brachten sie dann in Studentenwohnheimen unter. In ein einziges Wohnheim zogen 1400 Flüchtlinge ein, darunter 300 Kinder. Die Menschen hungerten, vor Ort bekamen sie ein Ei pro Person für zwei Tage oder einen Sack Graupen, in dem oft schon Würmer waren. Sie hatten keine Papiere und kein Geld. Ich erinnere mich an eine Familie, die sich mehrere Tage lang von der Rinde eines Pflaumenbaums ernährte.«

Schenja:

»Wir gingen zu viert in den Supermarkt, warfen zusammen, was jeder hatte, und kauften Lebensmittel. Meistens Brot, aber das war in einer Minute weg und es gab nur noch ausgestreckte Hände. Die Leute litten auch an posttraumatischem Stress. Sie waren in der Lage, ihr letztes Geld für Wodka auszugeben und in dieser Enge und mit dem Hunger in ihren Unterkünften zu sitzen und zu trinken. Ich erinnere mich an ein kleines Mädchen, das eine Hautverbrennung hatte und eine spezielle Salbe brauchte, aber die Mutter hatte kein Geld. Sie litten beide, das Kind wegen der Schmerzen und die Mutter, weil sie dem Kind nicht helfen konnte. Wir nahmen uns der Sache an. Wir begannen, Medikamente zu suchen und zu kaufen. Dann fuhren wir sie zu den Menschen, die ihr Haus nicht verlassen konnten, zu den Kranken und Alten, die ans Bett gefesselt waren, zu den Menschen, die einen Schlaganfall erlitten hatten. Wir brauchten Autos. Wir bekamen sie von Rinat Achmetow. Wir haben ausdrücklich um alte, gebrauchte Autos gebeten, damit die Rebellen nicht in Versuchung kommen, sie zu stehlen. Jetzt verteilen wir manchmal Achmetows Medikamentenpakete zusätzlich zu unseren. Die Leute haben uns Geld geschickt, sogar die Schokoladenfabrik des Präsidenten hat eine große Summe gespendet, so dass wir Medikamente für zwei Monate kaufen konnten. Enkel und Kinder, die aus Donezk geflohen sind, riefen an: »Unsere Großeltern, Eltern, sie sind allein geblieben. Wir können nicht zurück, wir haben keine Pässe.« Wusstet ihr, dass es bis heute kein staatliches Umsiedlungsprogramm gibt? Leistungen erhalten entsprechend nur diejenigen, die freiwillig gegangen sind.«

Den ganzen Sommer über leben die ›Verantwortlichen Bürger‹ zu viert zusammen, ihre Familien haben sie auf die andere Seite der Front geschickt. Sie haben viel zu tun. Morgens die Waren aus- und abliefern, dann Berichte schreiben, abends den Dreck unter den Fingernägeln wegkratzen und vor der Fernsehkamera erzählen, wie das Leben in Donezk ist. Es waren die ›Verantwortlichen Bürger‹, die als erste in die Bunker und Keller gingen, wo sich die Menschen seit Herbst ohne Licht und fließendes Wasser vor dem Beschuss versteckt hatten. Als die Kämpfe nachließen, kehrten einige Freunde und Bekannte der vier ›Verantwortlichen Bürger‹ in die Stadt zurück und schlossen sich der Organisation an. Nun waren es dreiundzwanzig Helfer, sie hatten zehn Autos, führten drei internationale Projekte aus und versorgten jeden Monat vierhundert Menschen mit Medikamenten und Paketen. Ihre Berichte wurden bei der UN verlesen, sie arbeiteten mit dem Roten Kreuz und mit Ärzte ohne Grenzen zusammen.

Haus Nr. 41: älteres Ehepaar, Herzmedikamente.

Haus Nr. 55.

»Hey, Grad!« Ein Winseln dringt von der Seite des Hofes zu uns herüber, dann rennt ein kupferfarbener Hund mit wedelndem Schwanz auf uns zu. »Grad, komm her! Nicht springen …! Der Hund hat sich verirrt, als unser Dorf von Grad-Raketen beschossen wurde. Er rannte ins Haus und ist dageblieben.«

Haus Nr. 111. Und so weiter.

Am Morgen überprüfen die ›Verantwortlichen Bürger‹ die Straßen und die Benzinvorräte, sonst müsste man mit Kanistern nach Kurachow auf der ukrainischen Seite fahren, um Benzin zu holen. Dann telefonieren sie, um sich zu vergewissern, dass dort, wo sie hinfahren wollen, noch Menschen leben.

Schenja sitzt am Steuer.

Enrique fährt seit dem Herbst nicht mehr in die sogenannten Hotspots. Einmal fuhr er durch Trudove, zehn Minuten später kam er zurück, und auf derselben Straße hatte ein Smertsch ein Loch von der Größe eines Autos in den Asphalt gerissen.

»Das hält man im Kopf nicht aus!«, erklärt er und greift sich an den Schädel.

Seitdem wirft er sich manchmal auf den Boden, wenn jemand Teppiche im Hof aufschüttelt und plötzlich das Klopfen beginnt.

Das Auto hüpft über die holprigen Straßen und Schenja erzählt:

»Eine Babuschka beschwerte sich, dass Mäuse aus dem Paket gesprungen seien, das wir ihr gebracht hatten. Fünf seien aus dem einen Paket und sieben aus dem anderen gesprungen und sie hätten den ganzen Brei aufgefressen. »Hey«, dachte ich da, »ich kann doch sagen, dass diese Mäuse zum Paketinhalt gehörten, oder etwa nicht? Tee, Haferbrei und ein paar Mäuse, Oma. Hast du deine Mäuse schon? Tut mir leid, die Mäusequote für diese Woche wurde um zwei reduziert!«

Am Straßenrand stehen verlassene Posten aus Hohlblocksteinen und Brettern.

»Ich bin jetzt in Psychotherapie im Netz«, seufzt Schenja. »Ich habe eine posttraumatische Belastungsstörung.«

»Wie meinst du das, im Netz?«

»Ich bin mit dem Psychotherapeuten per Webcam verbunden und wir reden miteinander, genau wie in der Praxis, nur übers Internet: Wovor hast du Angst? Was ist mit dir passiert? Wovon träumst du? So ein Quatsch.«

Haus Nr. 17.

»Seit elf Monaten habe ich kein Geld mehr bekommen. Vor drei Jahren bin ich gestürzt und habe mir das Knie gebrochen, seitdem gehe ich kaum noch aus dem Haus. Ich habe Herzschmerzen und fühle mich hier sehr einsam.«

Haus Nr. 151.

»Ich kann nichts sehen, ich höre Bomben und weiß nicht, wohin ich laufen soll, denn es herrscht nur Dunkelheit. Wie soll ich im Dunkeln rennen? Sie haben mich vor zwei Jahren operiert. Ich komme nur bis zum Sofa und bin kurz davor zu ersticken. Überall knallt es so laut.«

Haus Nr. 22.

»Mein Foto hing im Innenministerium. Ich war Inspektorin im Generalstab und habe sogar einem General gedient. Und jetzt braucht mich nicht einmal mehr ein Gefreiter. Ich hatte drei Herzinfarkte, mein Blutdruck ist hoch. Früher wurde ich respektiert. Während der Belagerung habe ich in Leningrad gelebt, ich meine St. Petersburg. Mein Mann hat mich nach Donezk gebracht. Jetzt bin ich fünfundachtzig und allein, ganz allein. Keine Verwandten, diejenigen, die in Leningrad, ich meine St. Petersburg, geblieben sind, erinnern sich nicht mehr an mich. Aber du vergisst mich nicht. Kommst du in einem Monat wieder her?«

Haus Nr. 44.

Diabetes, Herzprobleme, ein Implantat in der Hüfte, hoher Blutdruck. Und die Kinder sind nach Russland gegangen. Ihr Haus in Horliwka wurde bombardiert, es ist nichts mehr da, sie kann nirgendwo mehr wohnen: »Wie lange muss ich eigentlich noch leben?«

Haus Nr. 68.

»Alles tut mir weh: meine Wirbelsäule, meine Leber, meine Augen. In meiner Jugend habe ich in einem Stahlwerk gearbeitet, als Metallurg. Jetzt beträgt meine Rente zweitausendzweihundert Rubel, und was soll ich davon kaufen? Eine Tonne Kohle kostet eintausendzweihundert Rubel, und für den Winter braucht man drei Tonnen. Ich werde also erfrieren.«

Haus Nr. 18, Haus Nr. 215, Haus Nr. 48 …

Die Zimmer haben Teppiche an den Wänden und es riecht sauer. Wohin fliehen? Wohin gehen? Und mit welchem Geld?

Sie warten auf das Ende, aber welches? Das ihre oder das des Krieges?

Sie warten auf die Schüsse, aber wenn sie fallen, was können sie tun?

Sie sind Kriegskinder. Die vagen Erinnerungen an den Krieg von damals mischen sich jetzt mit dem Alltag.

Schon vor dem Krieg hatte die Ukraine eine der niedrigsten Geburtenraten der Welt. Im Donbass überwogen die Alten. Jetzt, da so viele junge Menschen geflohen sind, leben in den Dörfern bei Donezk fast nur noch alte Menschen.

Der Motor heult auf, als Schenja versucht, bergauf zu fahren, die Räder drehen durch und schleudern Sand und Lehm auf ein Rudel streunender Hunde.

»Aber der Krieg scheint zu Ende zu sein, Schenja, oder?«

»Ich glaube schon.«

Später erzählt Schenja, dass er einen Bekannten bei der ukrainischen Infanterie hat. Und der hat ihm erzählt, dass sie jetzt, wo es ruhig und langweilig ist, sogar anfangen, die Kämpfe zu vermissen. Manchmal liegen nur zweihundert Meter zwischen den Stellungen. Dann gehen die DNR-Männer raus und zeigen den Ukrainern ihren nackten Hintern. Die Ukrainer werfen eine Granate ab, melden dem Kommando über Funk, dass sie beschossen werden und bitten um Erlaubnis, das Feuer zu erwidern. Sie zielen mit Mörsern auf nackte Ärsche.

»Neulich bin ich an einem Posten vorbeigefahren«, erzählt Schenja, »da kam ein Ukrainer und hat meine Papiere kontrolliert. Er trug Shorts, rosa Flip-Flops und eine Fuchsschwanzmütze. Wir sind am Ende, sage ich dir.«

Haus Nr. 213, Haus Nr. 49.

Enrique:

»Ich habe lange nicht verstanden, warum der Staat sich einen Dreck um mich schert. Ich verstehe, dass er sich einen Dreck um die Separatisten schert, aber um normale Bürger? Als die drei humanitären Korridore im vergangenen Sommer geöffnet wurden, führten sie durch die heftig umkämpften Gebiete. Niemand konnte Sicherheit garantieren. Ich bin damals zu meiner Familie nach Berdiansk gefahren, über ein Schlachtfeld, auf dem auf beiden Seiten Panzer brannten. Aber dieses Denken habe ich hinter mir gelassen. Jetzt weiß ich: Das Land sind wir, das Volk. Und ein Staat, nun, ein Staat ist heute dieser, morgen vielleicht ein anderer. Wusstest du, dass wir bis heute nur inoffiziell arbeiten? Wir sind nirgendwo als Organisation registriert.«

»Warum ist das so?«

»Wenn wir uns registrieren wollten, müssten wir das entweder in der Ukraine machen (dann hätten wir hier Probleme) oder in der DNR (dann hätten wir in der Ukraine Probleme). Wir haben eine Regel: Wir helfen niemandem, der eine Waffe trägt. Und wenn wir von Separatisten belästigt werden, sagen wir: »Ihr seid die Volksrepublik Donezk, das sind eure Leute, und wir kümmern uns um sie.« Und wenn uns Ukrainer befragen, sagen wir: »Das sind ukrainische Bürger mit ukrainischen Pässen, und das Erste, was sie tun, wenn sie beschossen werden, ist, sich einen ukrainischen Pass zu besorgen.« Niemand kann uns vorwerfen, dass wir uns nicht kümmern. Das ist unsere Stadt. Wir kümmern uns um unsere Leute und machen keine halben Sachen.«

Weil Enrique in den Dörfern von Donezk Hilfsgüter verteilt und mit den Behörden der DNR zusammenarbeitet, wird er von der ukrainischen Organisation Myrotvorets[4] als Feind der Nation bezeichnet.

Einschusslöcher sprenkeln die Zäune und sehen aus wie Sternbilder. Dahinter, auf beiden Seiten der Straße, stehen verlassene Häuser.

»Alle haben auf diese Häuser geschossen. Die Ukropen haben geschossen, die Kosaken und auch diese DNR-Deppen.« Soja Andrijiwna läuft schwer keuchend mitten auf der Straße.

Immer wieder bleiben wir stehen und lauschen den Geräuschen, dann geht es im Gänsemarsch weiter durch die Straßen und Hinterhöfe. Lehrerinnen und Lehrer, die Schulleiterin, ihr Stellvertreter, der Hausmeister, ein Grundschullehrer, eine Mathematikerin. Am Straßenrand wächst hohes Gras, das niemand gemäht hat. Überall laufen Hunde herum, man kann ihre Rippen zählen.

»Ihre Besitzer sind weggezogen oder gestorben und sie wurden ausgesetzt. Sie laufen herum und suchen nach Futter, aber es gibt keins«, sagt Soja.

In diesem Winter und jetzt im Frühling gibt es in Donezk Hundeviertel. Vierzehn Häuser stehen in einer Straße in Petrowka, alle Bewohner sind weggezogen, alle haben ihre Hunde zurückgelassen, bis auf einen. Er fing an, sie zu füttern: Sergei, ein Wachmann aus einem Einkaufszentrum. Er kauft Knochen, Brei, fügt Butter hinzu und schüttet es in Schüsseln. Zuerst wollte er nur

4 Myrotvorets heißt auf Ukrainisch Friedensmacher (Anm. des Übersetzers)

seine beiden Hunde füttern, aber dann kamen zwei weitere von nebenan, da waren es vier. Sergei weiß nicht, wie es sich unter den Hunden herumgesprochen hat, dass man bei ihm fressen kann, aber die Hunde kommen immer wieder.

»Oh!« Soja Andrijiwna hält inne, als sie neben dem Schultor einen Blindgänger im Boden stecken sieht. Wir gehen vorsichtig daran vorbei.

Das Gebäude stammt aus den 50er Jahren, schon die Großeltern der letzten Schüler haben hier gelernt. Als wir eintreten, verteilen sich die Lehrerinnen und Lehrer in den Klassenzimmern. Sie starren auf die Pulte und auf die Tafel mit den Prüfungsaufgaben (an einer Tafel hat jemand mit Kreide geschrieben: »Schule, halte durch«). Im Lehrerzimmer hängt der Mantel einer Lehrerin, die vor einem Jahr gegangen ist und ihn hiergelassen hat. Über die Trümmer klettern wir in den ersten Stock. Durch das Fenster können wir in der Ferne den Flughafen von Donezk sehen.

Mit dem Bau des alten Flughafens wurde 1933 begonnen. Der neue wurde für die Fußball-Europameisterschaft 2012 umgebaut. Damals war er der zweitgrößte Flughafen der Ukraine. Benannt wurde er nach dem Komponisten Sergei Prokofjew, der aus dem Donbass stammte und Stalins Lieblingskomponist war. Das Schicksal verband Prokofjew und Stalin gleich zweimal: am 5. März 1953, denn an diesem Tag starben beide, und dann an diesem Ort, in der Stadt, die damals noch Stalino hieß, mit einem Flughafen, der nach Prokofjew benannt war.

Auf diesem Flughafen begann der Krieg.

Mark, der dort als Kundenbetreuer gearbeitet hatte, erzählte uns, dass die Menschen bis zum letzten Tag geflogen sind. Noch im April kamen Delegationen von Politikern aus Europa: aus Schweden, aus Deutschland, aus der Slowakei. Die

Situation war angespannt und unklar, also flogen ausländische Abgesandte ein, um mit den regionalen Behörden zu sprechen. Sie wollten verstehen, was los war. Im Juni wurden die Mitarbeiter des Flughafens zusammengerufen und ihnen wurde mitgeteilt, dass der Flughafen geschlossen werden könnte. Die Menschen waren gespalten: Einige unterstützten die Rebellen, andere waren Kiew gegenüber loyal. Aber es gab auch Menschen wie Mark, der beide Seiten verstand und sich fühlte, als würde eine unbekannte Kraft ihn von innen heraus in zwei Hälften reißen.

Seit April standen ukrainische Truppen im alten Terminal bereit. Im späten Frühjahr arbeiteten einige Einrichtungen des Flughafens noch nach Kiewer Vorgaben, obwohl vor dem Gebäude bereits die separatistische Fahne wehte. Männer in Tarnkleidung waren gekommen, hatten die Fahne aufgehängt und waren wieder gegangen. Niemand hatte sie abgenommen. Mark dachte, dass es einfach niemand ernst nahm, schließlich wehte die ukrainische Fahne immer noch über dem alten Terminal, gegenüber der Stelle, wo die ukrainischen Soldaten saßen. Am Tag der ukrainischen Präsidentschaftswahlen strömten festlich gekleidete Menschen zum Flughafen. Angeblich konnte man nur noch hier wählen, das war noch ukrainisches Gebiet. Geht, flehte sie Mark an, denn es geht gleich los. Und am nächsten Tag ging es tatsächlich los.

»Die ›Alpha‹ Spezialeinheit, mit dem Symbol Alpha Centauri, die Einheit der Kosmonauten, fuhr um vier Uhr morgens mit zwei KamAZ-LKW vor. Die ›Kosmonauten‹ besetzten das neue Terminal. Dort wurden gerade die Passagiere für einen Flug nach Kiew abgefertigt, als sie auftauchten und mit der Evakuierung des Personals begannen. Es war so dumm, dieses neue

Terminal zu besetzen«, Mark schüttelte den Kopf. »Schließlich war es nur aus Glas und nicht abgeschirmt. Dann fielen die ersten Schüsse.«

Die Ukrainer im alten Terminal waren durch dicke Mauern geschützt. Sie nutzten sie als Deckung. Schließlich bekamen auch diese Mauern Risse, Mörser und Raketenwerfer zerstörten das Betongewölbe Stück für Stück. Zuletzt verschanzten sich die Verteidiger in ausgebrannten Panzern, bis nur noch Ruinen und Keller Schutz boten.

»Das können keine Menschen sein«, munkelte man unter den Donezker Separatisten über die ›Alpha‹-Männer, »das sind eine Art Roboter oder Cyborgs. Den Flughafen zu verteidigen macht doch keinen Sinn. Wozu sollte jemand diese Betonruine brauchen?«

Aber die Legende von der erbitterten Verteidigung verbreitete sich in der ganzen Ukraine. Wenn einer von ihnen starb, aus der Einheit ›Karpacka Sitsch‹, dem ›Rechten Sektor‹, der ›Nazgvardia‹, dem 3. Spezialregiment oder der 93. mechanisierten Infanteriebrigade, wurde sein Begräbnis in seiner Heimatstadt zu einer großen patriotischen Kundgebung. Nach den Niederlagen der ukrainischen Armee wirkte diese Legende ermutigend und gab den weiterhin kämpfenden Cyborgs Kraft: Wenn die Kanalisation verstopft war, suhlten sie sich in Scheiße. Wenn es kein Wasser gab, tranken sie Wasser aus Heizkörpern. Sie warfen sich auf Granaten und beschwerten sich nicht. Das Heldentum war wie ein Virus.

Einer der Cyborgs war der Junge, dem Irina, die Kosmetikerin, saubere Hemden und die Hose ihres Mannes gebracht hatte.

Und wer schoss da auf sie?

Sascha de Krog, genannt Warjag.

Nach wenigen Monaten glich der Flughafen einer Mondlandschaft. Grauer Staub aus Glas, Zement und Sand. Manchmal war ein Gebäude halb von den einen, halb von den anderen besetzt. Die Kämpfenden krochen durch Treppenhäuser und Fahrstuhlschächte, metzelten sich mit Messern, legten Minen und Sprengfallen mit Granaten. Man lockte den Feind irgendwo hin und jagte ihn dann in die Luft. Immer tiefer ins Verderben, in den Abgrund, in den Tod. Nach zweihundertzweiundvierzig Tagen stand nur noch ein Gebäude, die Feuerzentrale.

Aus Kiew kam dann der Befehl zum Rückzug.

Mark, der jeden Winkel des Flughafens kannte, sah sich täglich Fotos und Videos von den Kämpfen an und beobachtete, wie der Flughafen vom Erdboden verschwand. Er hatte den Rest seines Lebens dort arbeiten wollen. Von Beruf war er Lehrer, aber das Unterrichten hat ihm nie gefallen. Nun geht er nach Russland und muss dort Geschichte unterrichten. In Russland gefällt es ihm nicht, aber die Ukraine versteht er auch nicht:

»Früher war die Politik in der Ukraine ein Trog, aus dem die ganze Präsidentenfamilie gefressen hat. Die im Westen dachten, wir hätten das nicht gesehen. Das stimmt nicht, wir haben es gesehen. Aber wir haben verstanden, dass es besser ist, abzuwarten. Doch sie wollten lieber rebellieren! Haben sie nicht verstanden, dass man manchmal aushalten und leiden muss? Vielleicht sind diese Unterschiede im Charakter das, was uns ausmacht? Die russische Seele kann sehr, sehr lange leiden, und die ukrainische Seele ist so ungeduldig.«

Wir blicken auf den Flughafen, der aussieht wie eine Landschaft nach einem Meteoriteneinschlag. Krieg, Hass, Tod, Heldentum, Grausamkeit und Wahnsinn haben hier überall ihre Spuren hinterlassen.

»Sie haben die Heizungen gestohlen«, murmelt Soja und geht im Raum auf und ab. Sie durchsucht die Regale nach etwas, aber sie scheint nicht zu wissen, wonach sie sucht.

»Die Lehrerin aus dieser Klasse ist auch aus Donezk geflohen«, sagt sie. »Geht da nicht rein, da ist schon aufgeräumt. Und die Lehrerin von dort war sechzig Jahre alt, aber sie sah aus wie dreißig. Sie trug Größe S ... Die eine ist tot. Von der anderen weiß ich nichts.«

»Irgendwie wird es schon gehen«, fügt Soja nach einer Weile hinzu.

Soja ist schon dreimal mit den anderen Lehrern hier gewesen. Sie haben Glas und Schutt aus den Fenstern geworfen und sind weggerannt, als die ersten Schüsse fielen. Jetzt sind sie damit beschäftigt, das Glas aus den Fenstern zu entfernen, laufen mit Eimern und Lappen herum, wischen den Boden und bleiben manchmal stehen, um einen Blick in die Notenbücher zu werfen.

»Von den zweihundert Schülern in der Stadt ist die Hälfte weg«, sagt der stellvertretende Schulleiter.

Die Direktorin schweigt. Sie ist wütend. Sie hat diese irrationale Wut in sich, die sie dazu bringt, uns die Schuld zu geben, nur weil wir irgendwie näher an den Tätern sind, weil wir von der anderen Seite der Front kommen, von dort, wo eine Granate ihren Mann getötet hat.

An den Wänden hängen zerfledderte Landkarten, die ›Verwaltungskarte der Ukraine‹ ist von Granatsplittern übersät. Von draußen vor dem Fenster ist irgendwo Gewehrfeuer zu hören.

»Irgendwie wird es schon gehen«, seufzt Soja Andrijiwna. »Irgendwie wird es schon gehen.«

An den verrosteten Plakatmasten im Stadtzentrum sieht man derzeit immer mehr bunte Plakate mit der Aufschrift »Volksrepublik Donezk: Das ist erst der Anfang«.

Kapitel 4

Die Hasenherzen

Herbst 2015

Im Herbst wurde Wassili Eigentümer des Kommissionsladens *Elegant.* Obwohl das Wort ›Eigentümer‹ heute nicht immer dasselbe bedeutet wie vor dem Krieg. Es bedeutet weder, dass der Laden vorher ihm gehörte, noch dass er ihn rechtmäßig erworben hat. Eigentümer zu sein bedeutet nur, dass der Laden jetzt, genau jetzt, ihm gehört und dass sich niemand für irgendetwas anderes zu interessieren hat. Wie es vor dem Krieg war, darüber will Wassili nicht sprechen. Sein Laden ist, wie alle Donezker Kommissionsgeschäfte, zu einem Zeichen der Zeit geworden.

In den 1990er Jahren, während der Krise in der ehemaligen UdSSR, waren Kommissionsläden sehr beliebt. Dort konnte man seine gebrauchten Sachen verkaufen oder die von anderen kaufen. Heute gibt es sie wieder an jeder Ecke. Teure Boutiquen gingen pleite oder veränderten ihr Sortiment. *Elegant,* einst Modegeschäft für Anzüge, wurde in *Elegant Kommission* umbenannt. Hier kann man neben Hosen, Mänteln und Schuhen auch einen Rettungsring in Form einer Ente (150 Rubel), einen Memory-Stick (200), ein Puzzle (150), einen Joystick (300), eine Bratpfanne (300), ein Gesäßstraffungsgerät (2.500) und Kochtöpfe (150) kaufen.

»Vor dem Krieg gab es in Donezk viele reiche Leute«, versichert Wassili. »Die Frauen gingen aus Langeweile einkaufen, es war eine regelrechte Sucht. Jeden Tag gingen sie in die Boutiquen und kauften, kauften, kauften. Und stellt euch vor: Nichts davon trugen sie. Alles landete auf dem Dachboden oder in der Abstellkammer. Aber die Zeiten haben sich geändert. Die Leute brauchen Geld, sie holen das Zeug aus allen Ecken und Winkeln und verkaufen es mir. Natürlich nicht zum Einkaufspreis, oh nein.«

Wassili führt uns durch seinen Laden:

»Hier ist die Männerabteilung: Jeans, Pullover, Oberbekleidung. Und hier die Frauen: Röcke, Blusen, Hosen. Alles ist sortiert. Ich führe auch ein Auftragsbuch. Ein Kunde will eine Waschmaschine? Ich mache mir eine Notiz und suche jemanden, der Geld braucht und eine Waschmaschine hat. Haushaltsgeräte kommen gut an, denn in Donezk herrscht wegen der Wirtschaftsblockade ein Mangel. Ich habe viele Stammkunden. Trotz der schwierigen Zeiten, in denen wir leben, versuche ich, eine gute Atmosphäre zu schaffen. Drinnen läuft immer entspannende Musik, und die Farbe der Wände habe ich nicht zufällig gewählt: Beige ist gut für die Stimmung und beruhigt. Mehr als drei Kunden sind schwer zu kontrollieren, und heutzutage kann man den Leuten nicht mehr trauen, deshalb habe ich einen speziellen Türanhänger erfunden. Wenn drei Kunden drinnen sind, schließe ich die Tür ab und hänge ein Schild auf, dass man nicht reinkommen darf. Das Schild ist höflich und originell. Jeden Tag kommen Leute und bitten mich, ihre Sachen anzunehmen, aber ich nehme nicht alles. Ich habe Regeln und bin nur an guter Qualität interessiert. Ich weiß, wann die Qualität gut ist, und wenn mir jemand zehn Paar Schuhe bringt, weiß ich sofort, welche ich weiterverkaufen werde. Vielleicht ist das eine unangemessene Einstellung gegenüber armen Menschen, aber mein Laden liegt im Stadtzentrum. Mein Angebot richtet sich an ärmere Kunden, aber an die etwas weniger armen, im oberen Preissegment. Ja, ja. Um in meiner Branche zu arbeiten, muss man ein Gespür für die Ware haben. Ich habe ein Näschen dafür, was die Zukunft bringt. Sogar wenn ich Auto fahre, weiß ich genau, was auf der Straße passieren wird.«

Wassilis Nase sagt ihm, dass der Krieg bald zu Ende sein wird.

Seit dem Morgengrauen sind wir unterwegs. Wir passieren Kontrollpunkte und dann die Grenze, die bereits so befestigt ist, dass die ukrainischen Soldaten einen Stempel mit dem Piktogramm eines ausreisenden Autos in unsere Pässe drücken. Wir sind also nicht in der Ukraine, aber auch in keinem anderen international anerkannten Land. Wo sind wir dann?

Durch das schmutzige Busfenster blicken wir auf schlammfarbene Felder voller verschrumpelter Sonnenblumen, die in diesem Sommer niemand gepflückt hat. Die zerstörte Putilow-Brücke liegt in Nebel getaucht wie in Milch.

Ein Soldat steigt in den Bus, das Gewehr geschultert, am Kinn Narben von einer unsauberen Rasur. Er fährt sich durchs Haar. Wir überlegen, was wir sagen sollen. Zwei Wochen zuvor hat uns das Informationsministerium der DNR die Akkreditierung als Journalisten verweigert und uns verboten, in der Republik zu arbeiten. Wir wurden für zwei Vergehen verurteilt: Wir hatten die ukrainische Politikerin Tetjana Tschornowol interviewt (mit Banderisten darf man nicht sprechen) und wir hatten in der Zeitung das Wort ›Separatisten‹ benutzt (das ist verboten). Aber wir kommen trotz der Verbote und müssen nun irgendwie unsere polnischen Pässe erklären. Wir erinnern uns an den russischen Journalisten Pawel Kanigin, der in Donezk gearbeitet hatte, obwohl ihm die Akkreditierung verweigert worden war, und der kürzlich verhaftet, geschlagen und deportiert wurde. Wir haben einige Märchen und Lügen vorbereitet, aber sie sind alle gleich schwach und unhaltbar. Was sollen wir sagen? Wofür uns entscheiden?

»Zeigt eure Dokumente«, sagt der Soldat mit gelangweilter Stimme. Wir heben unsere Pässe hoch und decken den Umschlag mit dem Ländernamen mit der Hand ab.

»Nach Hause, alle?«

»Nach Hause«, murmeln die anderen Passagiere und wir nicken erleichtert.

An den Häusern in Donezk hängen Plakate, die auf die bevorstehenden Kommunalwahlen hinweisen. Wahlslogans versuchen den Einwohnern einzureden, dass Donezk eine Festung sei, dass Donezk nicht aufgeben würde, dass Donezk bis zum Ende durchhalte. Auch wenn es kaum noch Krieg gibt, wird er auf den Plakaten in seiner ganzen Heftigkeit weitergeführt. Es finden immer noch wichtige Kämpfe statt. Das ist der Sinn der Existenz der Republik: der ewige Krieg. Neue Gesichter erscheinen auf den Plakaten. Viele, die in den ersten Monaten der Revolution aufgestiegen waren, sind bereits wieder in Ungnade gefallen, im Dunst der Skandale verschwunden, bei Attentaten und Entführungen ums Leben gekommen.

Auch Andrei Purgin, der Besitzer des kleinen Baumarktes, Gründer der Organisation ›Donezker Republik‹, Vizepremier und später Parlamentspräsident des von ihm selbst erfundenen Staates, wurde vor einer Woche wegen »Handlungen, die mit der Staatslinie unvereinbar sind, und wegen des Versuchs, die innere Lage der Republik zu destabilisieren« verhaftet.

Sein Telefon ist ausgestellt.

Aus den Fenstern der Bäckerei duftet es nach Brot, nach dem »Ersten republikanischen Brot«, wie es in der Werbung heißt, obwohl es wie jedes andere Brot in der Ukraine und in Russland riecht. Die ›Republikanische Bank‹ hat ihre Filialen eröffnet, und vierzigtausend Menschen benutzen die SIM-Karten des Ersten Republikanischen Mobilfunkanbieters ›Phoenix‹. Zum Einkaufen kann man in eine Filiale des ersten Republikanischen Supermarktnetzes gehen (eigentlich sind es Läden der ehemaligen ukrainischen Kette ATB, die samt ihrer Waren vom Warlord Stawros Bagatelija, einem Osseten, übernommen wurde, nur die Schilder wurden ausgetauscht). In einem Laden unter der Wohnung, die wir gemietet haben, wird das erste Republikanische Bier verkauft und in umliegenden Kiosken gibt es Zigaretten der Marken ›Neurussland‹ und ›Strelkow‹.

Die im Stadtzentrum aufgestellten Fernseher übertragen einen Sportwettkampf, den Panzerbiathlon. Er findet auf dem Truppenübungsplatz bei Torez in der Nähe von Donezk statt (ein Panzerrennen über 6,7 Kilometer mit Panzersperren, Posten, Minenfeldern und Zielschießen entlang der Strecke: Panzer auf 1.600 Meter, Hubschrauber auf 900 Meter, Granatwerfer auf 600 Meter; für den nächsten Tag ist bereits eine Panzerstaffel angekündigt).

Das erste Republikanische Fernsehen strahlt einen Bericht über den Besuch des Staatsoberhauptes Alexander Sachartschenko in einer Grundschule aus. Er verteilt Broschüren mit seinem eigenen Porträt und einem Abecedarium an die Kinder: »M wie ›mir‹, der Frieden, das wichtigste Wort der Welt, das sowohl von Erwachsenen als auch von Kindern benutzt wird.« Und weiter: »E wie Ehre unseres Landes. P wie Partisan. Ein Partisan ist wie dein großer Bruder, schick ihm eine Postkarte: Ich bin stolz auf dich, Soldat.«

Die Republik blühe auf, sagen wichtige Leute im Donezker Fernsehen, sie sei so schön!

In der Republik werden Drillinge geboren, sie heißen Denis, Nadeschda und Roza, wie die DNR, *Donezkaja Narodnaja Riespublika*. Die Republik, schreiben die Zeitungen, sei gesund, zäh und stark wie ein Buchenwald!

»Allen Dulles, ein Ideologe des Kalten Krieges, der Geheimdienst- und Spionageoperationen gegen die UdSSR organisierte, enthüllte einst den Plan zur Vernichtung der widerspenstigsten Nation der Welt. Zuerst sollten Literatur, Theater und Kino uns die niederträchtigsten menschlichen Gefühle zeigen und anpreisen. Jene Schöpfer, die den Kult um Sex und Vergewaltigung, Gewalt und Sadismus, die Bewunderung gegenüber dem Westen und alle möglichen Perversionen in unsere slawischen Köpfe pflanzen, sollten unterstützt und gefördert werden. Ehrlichkeit und Anstand? Sie sollten lächerlich gemacht werden, bis sie ein Relikt der Vergangenheit wären. Unhöflichkeit, Frechheit, Lügen, Betrug, Alkoholismus, Drogensucht und eine animalische Angst vor dem Anderen sollten sich ausbreiten. Wilde nationalistische Gefühle sollten erwachen. Sie sollten Feindschaft und Hass gegen das russische Volk säen. Nun, der Dulles-Plan ist immer noch aktuell. Die ukrainischen Marionettenregierungen folgen ihm blind. Unser moralischer Verfall zahlt sich für sie aus. Nur wenn wir nach unserem Gewissen leben und die Geschichte kennen, sind wir eine Bedrohung für sie. (...) Wenn du also als Mann in einem Minibus sitzt und du die Frau neben dir stehen lässt, bedeutet das, dass der Dulles-Plan auf dich wirkt. Wenn du in einem öffentlichen Verkehrsmittel laut am Telefon sprichst, gilt der Dulles-Plan!

Wenn du unhöflich mit einer Verkäuferin sprichst, führst du den Dulles-Plan aus! Wenn du dich nicht amüsieren kannst, ohne Alkohol oder Drogen zu nehmen, bedeutet das, dass der Dulles-Plan auf dich wirkt! Aber der Plan kann leicht zerstört werden: Lächle Passanten zu, umarme eine alte Dame, die von einer Explosion erschreckt wurde, hilf einem Kind über die Straße. Und stell den Alkohol weg!«
(*Neurussland*, 8. Oktober 2015)

»(…) denn es ist diesem mutigen Charakter zu verdanken, dass der Donbass nicht zerbrochen ist und nicht von der Gier einer egoistischen nationalistischen Junta besiegt wurde. Dank dieses zähen Charakters sind wir dabei, die Wirtschaft wieder aufzubauen, Ordnung zu schaffen und einen Volksstaat zu entwickeln.«
(*Donezker Republik*, 8. Oktober 2015)

»Bereits im August haben die Bergleute der DNR achthundert Tonnen Kohle gefördert und damit den Monatsplan um mehr als siebzig Prozent übertroffen.«
(*Donezker Republik*, 17. September 2015)

»966.000 Tonnen wurden im September von den Bergwerken der DNR gefördert. Damit wurde der zuvor aufgestellte Plan um 84 Prozent übertroffen.«
(*Donezker Republik*, 8. Oktober 2015)

»In Nowoasowsk wird eine Konservenfabrik eröffnet. Sie wird zwischen 150.000 und 300.000 Fleisch- und Fischkonserven pro Monat produzieren.«
(*Neurussland*, 1. Oktober 2015)

»Feierliche Übergabe von Ausweisen der Bewegung ›Donezker Republik‹ an Soldaten des Bataillons ›Somali‹. Überreicht durch den Vorsitzenden des Volksrates der DNR, Denis Puschilin, der dem Exekutivkomitee der Bewegung vorsteht, und unseren berühmten Kommandeur, Oberstleutnant Michail Tolstych, der sagte: ›Mit euren Aktionen unterstützt ihr das Team des Führers der DNR, Alexander … ‹.«
(*Donezker Republik*, 8. Oktober 2015)

»Anlässlich des dreiundsechzigsten Geburtstags von Wladimir Wladimirowitsch Putin wurde in Moskau und London die Ausstellung ›Putin Universe‹ eröffnet. Das Projekt zeigt den russischen Staatschef als Helden verschiedener Länder, Nationen und Epochen: literarisch, folkloristisch, historisch, komisch. Zu seinem Geburtstag senden wir ihm unsere besten Wünsche …«
(*Neurussland*, 8. Oktober 2015)

»Das Donezker Puppentheater hat im Publikumssaal Sitze mit einem besonderen Design aufgestellt. Ihre Einzigartigkeit besteht darin, dass sie über einen Mechanismus mit Fußstütze verfügen, der es auch den Kleinsten ermöglicht, die Aufführung auf der Bühne zu verfolgen. Wie uns versichert wurde, gibt es solche Sitze nirgendwo anders auf der Welt.«
(*Donezk Times*, 30. September 2015)

»Es gibt keinen Weg zurück. Wir müssen ihn gemeinsam gehen!«
(*Donezker Republik*, 8. Oktober 2015)

Die Chefredakteurin der Wochenzeitung *Donezker Republik* ist unsere alte Bekannte, die pummelige Journalistin Jelena

Blocha, einst Chefredakteurin der städtischen *Municypalnaja Gaseta*. Die Zeiten haben sich geändert, die Zeitungen auch. Für kurze Zeit war Jelena auch Abteilungsleiterin im Informationsministerium.

»Sie haben mich nicht arbeiten lassen«, sagt sie. »Sie wollten alles entscheiden: Worüber ich schreiben sollte, wohin ich gehen sollte und wohin nicht.«

So gab sie auf und versuchte, auf die Krim zu gelangen, wurde aber unterwegs von Ukrainern aufgehalten. Als angebliches Mitglied einer terroristischen Vereinigung verbrachte sie zwei Monate in Einzelhaft in Kiew und anschließend einen Monat in einer Zelle im Lukjaniwska-Gefängnis. Während dieser Zeit musste sie Rede und Antwort stehen: Warum hast du für die Terroristen gearbeitet?

»Und ich sollte denunzieren. Ich schlief auf zusammengeschweißten Metallatten und hörte Radio über die Sprechanlage im Gefängnis. Wenn das ukrainische Radio ›Promien‹ aus den Lautsprechern dröhnte, bedeutete das, dass Fanatiker im Dienst waren. Da war es besser, nicht aufzufallen. Und wenn ›Auto Radio‹ lief, wusste ich, dass es nicht so schlimm war. Ich hasste die Fanatiker, aber als ich sie einmal auf dem Flur ›Happy birthday‹ singen hörte und sarkastisch kommentierte, dass sie da wohl den Geburtstag des Präsidenten feierten, antworteten sie, dass einer von ihnen einen Sohn bekommen hatte. Und das machte mich stutzig. Ich merkte, dass es gar nicht so einfach ist, jemanden zu hassen. Schließlich landete ich auf einer Liste von Kriegsgefangenen, die ausgetauscht werden sollten. In meiner Zelle habe ich 150 Seiten niedergeschrieben, sechs Kugelschreiber habe ich verbraucht. Jetzt gebe ich ein Buch heraus, *Neunzig Tage Gefangenschaft*.«

Wir gehen Dutzende von Ausgaben der *Donezker Republik* durch. Auf der Titelseite jeder Ausgabe ist ein Foto des Staatschefs Alexander Sachartschenko: Sachartschenko im weißen Hemd vor einer Tribüne voller Menschen, die Überschrift: »Die Zukunft der Republik in guten Händen.« Sachartschenko in Tarnuniform macht einen Schritt nach vorne, Überschrift: »Ein Schritt auf dem Weg zum Frieden.« Sachartschenko umarmt eine alte Frau, Überschrift: »Eine herzliche Beziehung zum Volk« (ein Artikel über die Reparatur von Wohnhäusern und Wasserleitungen). Sachartschenko hält eine Bibel in der Hand: »Treue zum Volk der Donezker Republik.« Sachartschenkos Bild eingeklebt in ein Foto einer Menschenmenge mit DNR-Fahnen: »Positive Umfragewerte für die Regierenden« (ein Artikel über Umfragen, die belegen, dass die Bevölkerung fest hinter den Machthabern steht). Sachartschenko in Tarnkleidung: »Freiheit, Gewissen, Gerechtigkeit, Gleichheit« (über ein Treffen mit Studenten, bei dem Sachartschenko über die Bedeutung der Ideologie beim Aufbau eines neuen Staates sprach). Sachartschenko in einer Tielnjaschka, einem gestreiften Unterhemd der Matrosen, mit einer Medaille auf der Brust, an seinem Schreibtisch sitzend: »Wir werden den Feind zurückschlagen.« Sachartschenko in einem Ledersessel: »Mit uns ist die Wahrheit, wir werden siegen« (in einem Exklusiv-Interview mit der *Donezker Republik* stellt sich das Oberhaupt den Fragen der Bürger, z. B.: Warum gibt es Unterbrechungen in der Wärmeversorgung? Werden die Mieten steigen? Und warum gewinnt die DNR, wie unsere Zeitungen berichten, offenbar den Informationskrieg mit Kiew?). Sachartschenko bei einer Pressekonferenz vor einem Mikrofon mit erhobenem Zeigefinger: »Die Agonie der Kiewer Regierung.«

Wir fragen Jelena, warum es keine seriösen Informationen über die Situation im Land, über die Willkür der Bataillone und über die Verhaftung von Andrei Purgin gibt.

»Man darf nicht vergessen, dass wir unter besonderen Umständen arbeiten. Es ist Krieg.« Jelena kneift die Augen zusammen. »Du kannst natürlich schreiben, was du willst, aber es muss eine Art interne Zensur geben. Dagegen ist nichts einzuwenden. Wir müssen bedenken, dass die Informationen, die wir an die Bevölkerung weitergeben, dem Staat nicht schaden dürfen. Wir sind gehalten, bei der Verbreitung von Nachrichten sehr vorsichtig zu sein, denn es gibt einen Informationskrieg, an dem wir beteiligt sind. Und schließlich können wir die Hoffnungen der Menschen nicht völlig zerstören, oder?«

Wenn wir nach Sonnenuntergang in die dunklen Fenster der Nachbarhäuser schauen, wird uns erst bewusst, wie viele Menschen die Stadt verlassen haben. Plünderer haben die verlassenen Wohnungen ins Visier genommen. Sie haben ihre Tricks entwickelt, um herauszufinden, ob jemand dort wohnt. Sie klopfen zwei Tage hintereinander an die Türen, wenn niemand antwortet und abends immer noch kein Licht brennt, brechen sie ein.

In den wenigen erleuchteten Fenstern flackern jetzt die Fernseher. Die ukrainischen Sender sind längst abgeschaltet, die meisten ukrainischen Nachrichtenseiten blockiert. Umfragen der Donezker Behörden ergeben jedoch, dass die Bewohner darüber unglücklich sind. Sie vermissen vor allem ukrainische Unterhaltungsprogramme.

Es wurde beschlossen, Abhilfe zu schaffen.

Der Donezker Sender ›Union‹ produzierte mit Unterstützung des Informationsministeriums DNR und der Filmholding

›Artemida‹ die erste Reality-Show der Republik: ›Der Pfeil des Schicksals.‹

In der Sendung machen die Rebellen ihren auserwählten Frauen einen Heiratsantrag. Die Behörden der Republik helfen bei der Organisation der Verlobung (eine ähnliche Sendung hieß in der Ukraine ›Für dich alles‹ und in Russland ›Heirate mich‹). In der Stadt hängen Plakate, die zur Teilnahme an der Show einladen: Ein Soldat auf einem Panzer überreicht einer lächelnden Frau einen Blumenstrauß.

»Hier findest du alles: Tränen, Liebe und das Leben. Die Helden haben keine Angst, Risiken einzugehen, ihre Komplexe zu überwinden und ihren Geliebten die wichtigsten Worte zu sagen. Im Namen der Liebe machen die Behörden des Donbass gemeinsame Sache mit den Helden.«

Man kann eine Hochzeitsreise auf die Krim gewinnen:

Danil aus Donezk macht Alina aus Lugansk in der Sendung einen Heiratsantrag. Die Leitung der Organisation ›Wiedergeburt des Donbass‹ wählt einen Ring aus, den er seiner Auserwählten am Iwan-Kupala-Mittsommertag auf einem Boot überreicht.

Anastasia macht Jura einen Heiratsantrag und überreicht ihm den Ring der ›Wiedergeburt des Donbass‹ auf der Pferderennbahn.

Dmitri (vor dem Krieg Manager in einem Café) und Nadia (vor dem Krieg Kellnerin in demselben Café) dienen zusammen in einem Freiwilligenbataillon. Um den Heiratsantrag zu arrangieren, gibt der Kommandant den falschen Befehl, eine Gruppe von Diversanten zu jagen. Zum Abendessen gibt es einen Kuchen mit einer DNR-Flagge.

Genadij (vor dem Krieg ein Bankier) ist aus Russland in den Krieg gekommen. Bei der vom Ministerium organisierten

Zeremonie ›Kinder des Donbass für den Frieden‹ macht er Julia aus Donezk einen Heiratsantrag (er überreicht den Ring in einem Clownskostüm).

»Die Spannung ist groß und die Menschen leben in Ungewissheit. Deshalb haben wir uns entschieden, die Aufmerksamkeit auf die fröhlichen Seiten des Lebens zu lenken«, erklärt Alexander Kamischow, Mitarbeiter des Informationsministeriums und ebenfalls Teilnehmer des Programms, Paar Nummer sechs. »Wir wollen zeigen, dass auch in schwierigen Zeiten Menschen heiraten und Kinder geboren werden. Am Anfang habe ich gezögert, weil meine Freundin schwanger ist. Ich habe im Ministerium nachgefragt: Wäre es moralisch in Ordnung, wenn sie in einer staatlichen Fernsehsendung schwanger wäre? Schließlich geht es um bestimmte Rollenbilder.«

»Und?«

»Nun, sie sagten okay. Sie hat eine musikalische Ausbildung, also wollte ich sie beeindrucken, nahm Klavierunterricht und spielte öffentlich *Für Elise*. Das Kind, das wir bekommen, ist ein Kriegskind. Weißt du, wir brauchen es, wir brauchen es wirklich, wie einen Hauch von frischer Luft in einem verrauchten Raum«, sagt Kamischow.

Kamischow hat vor dem Krieg in Russland gearbeitet. In Nowosibirsk unterrichtete er Poker und bildete Casinomitarbeiter aus. Er war gut und spielte als Profi auch im Internet.

»Jetzt stehen Einzelheiten über meinen Aufenthalt in Nowosibirsk auf den Internetseiten der ukrainischen Patrioten als angeblicher Beweis dafür, dass ich in Russland als Terrorist ausgebildet wurde«, sagt er. »Sie veröffentlichen meine Telefonnummer und Adresse und schreiben, ich sei ein Bandit. Wer ist hier ein Bandit? Ich habe in Nowosibirsk gearbeitet und gelesen, dass in Gorlowka gekämpft wird. Gorlowka war schon ziemlich zerstört, ein einziges Haus in einer langen Straße, die Fenster mit Decken verhängt, drinnen frierende Menschen. In einem Haus, das jemand gerade verlassen hatte, stand Kutia im Kühlschrank, wahrscheinlich hatten sich die ehemaligen Bewohner schon auf Weihnachten vorbereitet. Wir fuhren durch die Dörfer an der Front, die Kugeln flogen wie Insekten. Meine Freundin sagte: »Sascha, lass uns ein Kind machen, wer weiß, was passiert, dann bin ich wenigstens nicht allein.« Ich habe ihr versprochen, die Armee zu verlassen, wenn sie schwanger wird. Jetzt steht sie kurz vor der Geburt, und ich bin immer noch in der Armee. So leicht gibt man nicht auf. Morgens fahre ich zur Arbeit ins Ministerium, ziehe mich um und gehe zum Dienst. Ich kehre zu meiner Verlobten zurück, schlüpfe ins Bett und schlafe ein. Draußen vor dem Fenster höre ich, wie die ›Grad‹ ihre Arbeit machen, ich lege meine Hand auf ihren Bauch, warte, bis die Kleine sich bewegt, und wir schlafen weiter. Ein Kriegskind. Sie wird Ala heißen, wie Alice im Wunderland. Für sie versuche ich hier etwas aufzubauen, ich gebe nicht auf, ich helfe den Menschen. Wir haben einen Wettbewerb für behinderte Kinder organisiert. Da habe ich Ärger bekommen. Die Kinder kamen zum Wettbewerb und trugen alte T-Shirts mit der Aufschrift Donezk, Ukraine, und es gab einen Skandal. Man sieht, es gibt kein Zurück mehr. Die Frauen werden es uns nicht verzeihen. Die Männer vielleicht, die haben gekämpft, die werden es vergessen. Aber die Frauen ... Russische Frauen haben eine furchtbar große Macht. Das ist jetzt alles vorbei. Ich habe einen Freund, der in der ukrainischen Armee dient, schon lange, schon vor dem Krieg, und wir sind schon lange befreundet. Er war immer ein Patriot der Ukraine. Wir haben schon sehr früh vereinbart, dass wir nicht über den Krieg reden. Wir rufen uns gegenseitig an und fragen uns, was mit wem los ist, wie es seiner Frau geht, welchen Film er gesehen hat, wie das Wetter dieses Jahr ist. Gegen wen hat er gerade beim Poker gewonnen? Und kein Wort über den Krieg. Einmal hielt ich es nicht mehr aus und brach die Abmachung. Wir waren auf dem Weg nach Kramatorsk zu einem Angriff, ich wusste, dass er irgendwo in der Gegend war. »Geh heute nicht an die Front«, schrieb ich ihm.«

»Hat er geantwortet?«

»Er schrieb zurück: »Ich verstehe«. Im Informationsministerium arbeiten wir gerade an einer neuen Fernsehsendung. Sie wird ›Debattierliga‹ heißen, in der junge Leute lernen sollen, miteinander zu reden. Wir Älteren haben es nicht geschafft, miteinander zu reden.«

Die Fernseher flimmern noch immer in den Fenstern.

Auf dem Sender ›Oplot‹ beginnt Dmitri Khalaji seine Sendung ›Woher kommt das Land der Russen?‹. Er trägt ein schwarzes T-Shirt mit der Aufschrift ›Mein Land, meine Regeln‹ und hat das Gen eines starken Mannes in sich: Sein Urgroßvater hatte vor den Augen des Zaren mit einem Bären gekämpft.

Als Dmitri vier Jahre alt war, kippte ein Kessel mit kochendem Wasser um und verbrannte ihm ein Drittel seines Körpers. Während der langen Genesungsphase verkümmerten seine Muskeln. Im Alter von sieben Jahren lernte er wieder zu laufen. Als Neunjähriger sah er den Turner Wladimir Artjomow und beschloss, selbst ein Turner zu werden. Anstatt mit Hanteln trainierte er an jungen Kälbern und im Winter stemmte er in der Küche Gewichte, bis er bei einer Größe von einem Meter fünfundachtzig einhundertzwanzig Kilogramm wog.

Khalaji ist im Guinness-Buch der Rekorde als Inhaber von 63 Rekorden verzeichnet: Er hob einen einhundertzweiundfünfzig Kilogramm schweren Stein und hielt ihn mit dem kleinen Finger seiner Hand; er legte sich auf den Rücken und ließ drei siebenhundert Kilogramm schwere Betonplatten auf sich legen, die mit Hämmern zerschlagen wurden. Er schlug mit der Hand Nägel durch ein Brett (fünfzehn Nägel in einer Minute), drei 8,4 Tonnen schwere Kleinbusse fuhren über ihn (einer blieb direkt auf ihm stehen, und der Fahrer musste den Motor kurz reparieren, um weiterfahren zu können).

Den Stein für den ersten Rekord hatte er schwarz angemalt, um die Kohle des Donbass zu symbolisieren.

Während des gesamten Krieges unterstützte er die Opoltschenije, die Volksarmee der DNR, indem er ihre Mitglieder anfeuerte. Er jonglierte mit Gewichten, zerbrach Ketten, verbog Rohre und richtete Hufeisen mit seinen Zähnen.

»Woher kommt das Russische ...«, so beginnt Dimitri die Sendung auf dem Sender ›Oplot‹. Die Republik ist schmächtig, aber sie braucht dringend Größe, also bläht sie sich auf – im Fernsehen.

Schnitt: Wir schalten um.

Tod bei einer Panzerparade auf dem Übungsplatz bei Torez! Auf dem Platz, wo die Fahrzeuge präsentiert wurden, gab es eine Explosion. Ein neunjähriges Mädchen starb, drei Personen wurden verletzt. Edward Basurin, Sprecher des Verteidigungsministeriums der DNR, sagte: »Man kann mit hoher Wahrscheinlichkeit davon ausgehen, dass der Anschlag geplant war. Ich bin überzeugt, dass der Angriff von ukrainischen Spezialdiensten durchgeführt wurde, um ...«

Schnitt.

»Hier die Wettervorhersage für alle Städte und Gemeinden unserer glorreichen Republik: Heute …«

Schnitt.

Straßenumfrage: »Kannst du eine Krawatte binden?«

Schnitt.

»In unserer Talkshow ›Kein Thema ist auch ein Thema‹ fragen wir Gäste, warum sie in Donezk geblieben sind. Diesmal haben uns zwei Modedesigner besucht. Vor dem Krieg haben sie Abendmode entworfen, heute nähen sie Uniformen. Jeder Partisan möchte eine einzigartige, besondere Uniform haben. Also frage ich sie: Warum seid ihr in Donezk geblieben?«

Schnitt.

»Wir, die Kinder der Republik, danken dem Ministerium dafür, dass es sich jeden Tag um uns kümmert und dafür, dass …«

Schnitt.

Straßenumfrage: »Was würdest du tun, wenn du einen Zauberstab hättest?«

Schnitt.

Der Fernsehbildschirm wird schwarz.

Die Jugend kehrt in die Republik zurück: Auf dem Leninplatz haben Jugendliche gerade die dreifarbige Staatsflagge geschwenkt, gejubelt und applaudiert. Die Organisation ›Junge Republik‹ nimmt sich jetzt der Betreuung Jugendlicher an.

»Für die Entwicklung unserer gemeinsamen Zukunft in der Volksrepublik Donezk …«, »Jeder kann mitmachen, man muss nur wollen …«

Albina wollte im Winter, und im folgenden Herbst ist sie bereits Sekretärin der Donezker Zelle. In der ›Jungen Republik‹ organisierte sie:

- eine Stadtputzaktion mit dem Staatschef;
- einen Fahrradmarathon zum Gedenken an die bei Savur-Mohyla getöteten Rebellen;
- die Aktion ›Brief an einen DNR-Soldaten‹;
- den Marathon ›Gesunde Menschen, starke Republik‹;
- eine Demonstration zum Gedenken an die Opfer der ukrainischen Aggression;
- eine Kundgebung im Lenin-Komsomol-Park zum Gedenken an die getöteten Donbass-Kinder;
- eine Demonstration auf dem Lenin-Platz gegen das Rauchen.

Kirill, ihr Freund, tritt sie unter dem Tisch. Sie solle doch bitte auch über unangenehme Dinge reden.

»Stimmt etwas nicht?«, fragen wir.

»Na ja, außer Demonstrationen passiert nicht viel«, erklärt Albina. »Wir hatten ein gutes Projekt namens ›Star‹. Da wurde den Familien der toten Rebellen geholfen. Aber das ist mit der Zeit in den Hintergrund geraten. Jetzt konzentrieren wir uns darauf, den zweiten Jahrestag der Schlacht von Ilowajsk zu feiern und neue Mitglieder zu werben. Freunde von Freunden von Führungsleuten werden in die Ämter der Organisation gewählt. Bei Demonstrationen zur Unterstützung der Behörden stehen wir zusammen und schwenken Fahnen. Wir demonstrieren für Reformen. Und nichts passiert. Ich erlebe immer mehr Enttäuschungen.«

Vor dem Krieg hatte sie Ukrainistik studiert, während des Majdan wechselte sie zu Russisch, weil sie in der Ukrainistik niemand mochte und die Dozenten sie nicht prüfen wollten. Schließlich ging sie mit der russischen Fahne auf die Wangen gemalt zu den Demonstrationen. Inzwischen haben alle ihre Kommilitonen den Donbass verlassen.

»Albina, an wen denkst du, wenn du ›wir‹ sagst, wenn du von ›deinem Land‹ sprichst? An die DNR?«

Sie überlegt:

»An Russland, um ehrlich zu sein. Ich wünschte, wir wären ein Teil Russlands und hätten Putin als Präsident.«

»Auch wenn wir sagen, dass wir das eine oder andere bedauern«, lenkt Kirill sofort ein. »Grundsätzlich bedauern wir nicht, was passiert ist. Nur die Richtung, in die es jetzt geht.«

»Das ist klar«, nickt Albina. »Es gibt nichts zu bereuen. Zum Glück hängen die Lumpenfahnen nicht mehr hier. Papa hat die Banderisten immer verachtet, man konnte die Spaltung in der Stadt spüren. Jetzt gibt es keine Spaltung mehr, alle Einwohner sind eins. Wir müssen nur eine neue Generation heranziehen, die idealistisch, aktiv und besser ist als unsere. Dann werden wir hier glücklich leben.«

Die neu gegründete Organisation ›Sacharowzy‹ – benannt nach dem Staatschef Alexander Sachartschenko – ist für Kinder im Alter von zehn bis vierzehn Jahren gedacht. Dort sollen Kinder im Geiste des »Patriotismus und der wiederauflebenden moralischen Werte« erzogen werden. Auf dem Abzeichen der ›Sacharowzy‹ ist ein kleiner Kopf des Oberhaupts abgebildet. Und für die Jüngsten (unter zehn Jahren) gibt es eine Erziehungsorganisation, die sich die ›Kleinen Adler‹ nennt.

Auch die Musik kehrt zurück.

»Bam, bam – platsch! Bam, bam!« Der neunzehnjährige Ilja Doslow fuchtelt mit den Händen.

»So ungefähr hat es sich angehört. Es hat gerockt. Das war der Anfang.«

»Und dann?«

»Wir hatten ein Stück mit dem Titel *Wir legen los*, in dem es in etwa hieß, das ist gerade mal der Anfang, aber wir werden noch richtig rocken, wir werden noch riesige Menschenmassen zusammenbringen«, erzählt Ilja. »Ich habe damals über die Liebe geschrieben, denn worüber kann man sonst als Teenager schreiben? In Tekstylschtschyki, meinem Viertel, hatte ich einen Freund. Er sagte: Lass uns das aufnehmen. Sein Bruder war für die Aufnahmen zuständig, er hatte Kopfhörer und ein Mikrofon in der Wohnung. Seine Großmutter schlief in der Ecke und wir beugten uns über das Mikrofon und sangen. Später haben wir es ins Internet gestellt. Ein Kumpel rief aufgeregt: »Iluscha, Mann, da hat uns gerade einer geliked. Aus einer anderen Stadt!« Ich erinnere mich noch heute an den Namen des Mannes: Kopiejkin. Wir waren dreizehn Jahre alt und stritten uns im Treppenhaus darüber, wem das Urheberrecht gehörte. Wir hatten fünf Aufnahmen. Drei für ihn, zwei für mich, er wollte es so, weil wir das Lied bei ihm aufgenommen hatten.«

In Gorlovka bei Donezk kreischen die Mädchen bei seinem Anblick, bam, bam, die Lautsprecher hüpfen auf der Bühne.

»Hey, Gorlowka«, ruft Ilja und die Worte sprudeln nur so aus seinem Mund. »Ihr Schlampen, ihr habt alle Medien und Sender gekauft, immer noch nicht genug Blut gesaugt. Wir werden euch nicht vergessen! Wir werden euch nicht verzeihen! Die Zeit vergeht mit dem Wind, aber unsere Erinnerung bleibt für immer. Der Donbass kniet nicht, nie und nimmer!« (Aus dem Song *Niemand und niemals*).

»Ich bin kein Rapper, ich mag es nicht, so genannt zu werden«, erklärt er uns. »Ich bin nicht »yo, yo, Iluscha Doslow, ich rauche Ganja und das ist heiß«. Ich sage lieber, ich bin ein Dichter, ich schreibe und singe Gedichte. Mein erstes Gedicht über Donezk habe ich vor einem Jahr geschrieben. Ich war sehr aufgeregt. Ich bin ein Patriot von Donezk, ich kenne jeden Winkel von Tekstylschtschyki. Ich bin auf meiner Straße durch die Schule des Lebens gegangen. Mann, die Ukraine und Russland und jetzt sogar die Republik, scheiß drauf. Aber Donezk, oh, das ist wichtig. Als ich jung war, habe ich mich gezwungen, die Ukraine zu lieben. Ich dachte, dass etwas mit mir nicht stimmt, dass ich sie nicht liebe. Aber als der Krieg begann, wurde mir klar, dass ich in die falsche Richtung schaute, weder nach Osten noch nach Westen, ich sollte nur unter meine Füße schauen. Meine Eltern wollten mich auf die Krim schicken, zu meiner Großmutter. Eine Granate schlug direkt vor unserem Haus ein, die Fenster zerbrachen. Ich habe gezögert, aber ich bin nicht gegangen. Und die, die gegangen sind? Sollen sie sich dort ein besseres Leben aufbauen, viel Glück, verdammt, dann habe ich im Trolleybus mehr Platz für mich.«

»Hey, Makijiwka«, ruft Ilja, und die Köpfe nicken im Takt.

Bumm!, bumm!, jemand gibt den Rhythmus vor und schlägt gegen die Holzwand.

»Weißt du noch, Rosen und Kastanien aufm Boulevard. Da war die Welt noch okay, da gabs noch keine ›Grad‹, wir wussten nicht, wie sie fliegen, wie Hagel den Boden durchschlagen, die Erinnerung durchlöchern. Meine Stadt trieft vor Blut, denn sie geht nicht in die Knie, ich weiß genau: der Himmel vor uns ist still« (*Mit dem Blut*).

»Ich wollte kämpfen, aber ich bin ein Einzelkind,« erklärt Ilja. »Meine Eltern haben mir immer wieder gesagt: Du bist unser einziges Kind, willst du uns verlassen? Auch die Freunde aus

Piatnaschkas Bataillon sagten, ich sollte lieber Lieder schreiben. Aber ich habe meine eigene Uniform. Die ziehe ich bei Konzerten an, und wenn ich sie anziehe, rauche ich nicht einmal Zigaretten. Auf dem Ärmel ist ein Piatnaschka-Aufnäher, das ist Pflicht. Die Uniform habe ich auf meiner Reise nach St. Petersburg getragen. In Moskau lief ich auch damit herum. Bis meine Freunde sagten: »Dummkopf, zieh sie aus, wir sind nicht im Donbass!«.«

»Ilja, gefällt es dir in der Donezker Volksrepublik?«

»Als ich nach St. Petersburg gefahren bin, sind mir die Augen aufgegangen.«

»Und was hast du dort gesehen?«

»Unsere Kämpfer, wie sie einen russischen Hilfskonvoi stoppten und sagten: »Den schicken wir jetzt zu uns.« Es gibt solche großartigen Kommandeure, aber es gibt auch viel Abschaum. Ich werde auf dem nächsten Album davon erzählen, ich werde nicht schweigen. Ich bedaure sehr, dass Donezk meine Arbeit offenbar nicht braucht. Ich singe über Donezk, verdammt, ich singe für Donezk! In den Städten kommen Menschenmassen zu den Konzerten, die Leute weinen sogar, das Militär gratuliert. Und dann nichts, Leere. Ein humpelnder Hund ... Verstehst du? Donezk ist wie immer, alles ist ihm scheißegal. Ein Donezker Patriot zu sein, ist eine sehr komplizierte Sache, Mann!«

Wie es so seine Art war, schob der führende DNR-Autor seine Brille auf die Stirn. Gleich werde er erzählen, was geschehen ist, nachdem er die Zukunft beschrieben habe. Doch zunächst schlägt er sein Buch *Ukrainische Front. Rote Sterne über dem Majdan* auf, um auf der zweiten Seite eine Rakete zu zeichnen, die in den Himmel schießt. Er schreibt uns noch eine Widmung:

»Mit Friedenswünschen vom Fantasy-Schriftsteller Fjodor Beresin.«

»Wisst ihr, ich habe nicht alles erraten«, sinniert Beresin. »Aber gewisse Tendenzen und Momente haben sich für mich bewahrheitet. Ich habe vorausgesagt, dass der Feind unsere Industrieanlagen zerstören würde. Ich habe auch einen Flugzeugabsturz vorhergesagt, aber bei mir war es eine militärische Boeing.«

»Woher hatte ich die Zeitmaschine? Das fragen sie mich jetzt«, sagt der Schriftsteller Gleb Bobrow aus Lugansk.

»Ist es nicht ein Wunder, dass drei von uns den Krieg erfunden haben, bevor er wirklich stattfand?«, fragt sich der Schriftsteller Georgi Sawizki. »Meiner Meinung nach ist das kein Zufall. Ich bin in Mariupol geboren und weiß, was in einem Stahlwerk passiert. Meine Mutter hat im Stahlwerk gearbeitet, mein Großvater hat dort gearbeitet und ich habe dort gearbeitet. Wir, die Menschen im Donbass, wissen also, was Industrie ist und wie sich Technologie entwickelt. Wir wissen auch, was Krieg ist. Wir haben unsere Denkmäler und Gräber, die uns an den Großen Vaterländischen Krieg erinnern. Deshalb sind wir hier alle ein wenig Techno-Fantasten. Aber heute denke ich, dass es ein schweres Schicksal ist, Prophet im eigenen Land zu sein. Der Krieg ist anders gekommen als in den Fantasien. Ich habe gelernt, dass man in der Realität nicht alles durch den bewaffneten Kampf erreicht«, stellt Sawizki fest. »Denn es gibt auch den Krieg in den Medien, den Krieg der Meinungen, der in Artikeln ausgetragen wird, und es gibt die Probleme der Einheimischen, die vom Krieg desillusioniert sind. Die große Idee brennt schnell aus, und dann ist es schwieriger, die Menschen an einer gemeinsamen Front zu versammeln.«

»Vor allem ist der wirkliche Krieg beängstigender«, fügt Bobrow traurig hinzu, »schrecklicher als alles, was sich Menschen herbeifantasieren können.«

Im Donbass musste auch der ukrainische Schriftstellerverband aufgelöst werden.

Beresin:

»Ich will nicht sagen, dass sie alle für die Ukraine waren, denn es waren vor allem unsere Leute. Aber sie haben in keiner Weise auf die Ereignisse reagiert. Selbst wenn sie Angst hatten, etwas gegen die Ukraine zu sagen, sollten sie gegen den Krieg sein. Eine humanistische Organisation, die keine humanistischen Werte vertritt? Das brauchen wir hier nicht. Also gründeten wir den Schriftstellerverband der Donezker Volksrepublik. Ich wurde Vorsitzender, es gab keinen anderen Kandidaten.«

Bobrow:

»Neue Zeiten bringen neue Herausforderungen. Mit uns wurde der Schriftstellerverband der Volksrepublik Lugansk gegründet. Man bot mir an, ihn zu leiten, und nachdem ich darüber nachgedacht hatte, nahm ich das Angebot an. Wir veröffentlichen bereits Bücher. Ende September wird unser siebtes Buch erscheinen, eine Sammlung meiner Essays von der Front, und im Oktober werden wir einen Aufruf zur Veröffentlichung einer Sammlung von Kurzgeschichten starten. Das Thema ist immer dasselbe: der Krieg im Donbass.«

Beresin:

»Das Büro ist gleich geblieben, wir haben nur neue Möbel gekauft. Seit Mai stellen wir Ausweise aus, und wir haben bereits zwanzig Kandidaten für die Mitgliedschaft. Nur die Regel, dass ein Autor mindestens zwei Bücher veröffentlicht haben muss, haben wir fallen gelassen. Schließlich veröffentlichen heute viele Leute im Internet. Unsere Mitglieder sind hauptsächlich Science-Fiction-Autoren. Wir hatten in Donezk einen Club für Fantasy-Liebhaber mit dem Namen ›Die Wanderer‹, fast alle Mitglieder unterstützten die neue Ordnung. Bereits im März letzten Jahres gab es eine Ankündigung: Es wird ein Treffen von ›Den Wanderern‹ geben, das jetzt im Rahmen der ZP DNR stattfindet. Um Missverständnisse zu vermeiden, stellen wir klar: Die ZP DNR ist der Schriftstellerverband der Donezker Volksrepublik.«

Beresin:

»Leider kommen auch immer mehr Möchtegern-Schriftsteller zu uns. Ich persönlich freue mich, dass im Zusammenhang mit dem Krieg meine Bücher neu aufgelegt wurden. Der dreibändige *Krieg 2030* ist jetzt im Druck. Und es wird eine sehr schöne Ausgabe sein, mit meinem Porträt auf der Rückseite. Sie wird in Moskau erscheinen.«

Sawizki:

»Ich habe mich schon beim neuen Schriftstellerverband angemeldet. Und ich habe in letzter Zeit viel geschrieben, denn schwierige Zeiten bringen brillante Gedanken hervor. Ich will nicht sagen, dass ich ein Genie bin, das bin ich nicht. Aber ich genieße eine gewisse Berühmtheit. Unser Kampf geht nicht nur in den Schützengräben weiter, sondern auch in der Literatur, und so habe ich allein in diesem einen Jahr vier Bücher geschrieben. Darunter *Der Zorn von Neurussland* (ukrainische Banden richten Zivilisten hin, Russland beschließt die Entsendung von Friedenstruppen) und *Wilde Felder 2017. Auf den Ruinen der Ukraine* (die Ukraine entfesselt auf Befehl der Amerikaner einen Krieg im Osten, Neurussland vergießt Blut, gibt aber nicht auf, alle Hoffnung liegt auf Russland).«

Beresin:

»Im Gegensatz zu Sawizki habe ich keine Zeit zu schreiben. Er ist Sanitäter und ich bin in einer hohen Position, seit ich in der Armee bin. Mein Kopf ist mit anderen Dingen beschäftigt. Aber die Ideen kommen immer wieder: Kriegsfiktionen, Raumfahrt, Parallelwelten.«

Alle drei Autoren haben kürzlich Kurzgeschichten in der Sammlung *Ich kämpfte in Neurussland* veröffentlicht. Sie ist im Moskauer Verlag Jausa erschienen. Jeweils 80 Exemplare des Buches wurden den Bibliotheken der DNR und der Volksrepublik Lugansk übergeben. Sawizki beschrieb seine Kriegserlebnisse (*Kugelsichere Weste mit rotem Kreuz*), ebenso Bobrow (*Die dünne durchsichtige Linie*). Beresin fügte die dystopische Kurzgeschichte *Das Reservat* hinzu. Darin beschreibt er eine Welt, in der der Donbass verloren gegangen ist. Eine riesige Mauer trennt den Osten der Ukraine vom Westen. Russische Schriftsteller und die russische Sprache sind verboten, die russischsprachige Bevölkerung lebt in Reservaten und wird ›die Organismen‹ genannt.

Im Schriftstellerverband der Donezker Volksrepublik am Puschkin-Boulevard erleben wir einen Autorenabend. Georgi Sawizki trägt Uniform und ist gerade von der Front zurückgekehrt.

»Erzählen Sie uns«, fragen die Zuhörer, »warum sind Sie überhaupt in den Krieg gezogen?«

»Mein Großvater hat 1941 in Sewastopol gegen die Faschisten gekämpft. Und das tue ich jetzt in Donezk«, antwortet er.

»Meine Großeltern sind im Großen Vaterländischen Krieg gestorben«, ergänzt Bobrow, »und meine Familie hat alles verloren. Heute sagt mir die Ukraine, dass mein Vater, der halb

Europa befreit hat, ein Besatzer gewesen sei. Das kann man so nicht stehen lassen.«

»Es war eine Wiederholung von 1941. Der Vaterländische Krieg im Kleinen. Sie fielen bei uns ein, und wir waren völlig unvorbereitet«, schrieb Fjodor Berezin in *Rote Sterne über dem Majdan*.

Was war zuerst da, der Krieg oder die Vorstellung davon? Im Donbass geht alles durcheinander: Kollektive Zukunftsfantasien und Erinnerungen werden gelebt, als wären sie pure Realität.

Etwa achtzig Kilometer von Donezk entfernt erhebt sich ein 277 Meter hoher Hügel namens Pferdehintern (Sawur). Hier grenzen die Regionen Lugansk und Donezk aneinander, und nur fünf Kilometer entfernt verläuft die Grenze zu Russland.

Während des Zweiten Weltkriegs wechselte der Hügel den Besitzer. Nach dem Krieg wurden dort ein Grab, ein Denkmal und ein Obelisk zum Gedenken an die Gefallenen errichtet. Sieben Jahrzehnte lang war Sawur-Mohyla (Mohyla steht für Grabhügel) ein Symbol für den Kampf des Donbass gegen die deutschen Besatzer. Vor einem Jahr, während der Kämpfe zwischen der ukrainischen Armee und den Separatisten, ging Sawur erneut in Flammen auf. Die Anlage brannte nieder, die geschnitzten Gesichter der Soldaten verloren ihre Nasen und Wangen.

Sawur-Mohyla gilt heute als Symbol beider Kriege. Es ist eine Erinnerung an alle Feinde des Ostens, die des Zweiten Weltkrieges (Nazis und UPA) und des Kalten Krieges (NATO).

In der Gegend von Trudove, ganz in der Nähe der Front, verstecken sich die Menschen vor den Granaten der ukrainischen Armee in einem alten sowjetischen Bunker, der für den Krieg mit der NATO vorbereitet wurde. An den Wänden hängen noch alte Propagandaplakate.

In der Umgebung werden Denkmäler von ihren Sockeln gerissen. Scheinbar so auch im Petrowski-Viertel, neben dem Kriegsmuseum, wo ein Panzerwagen auf einem Sockel stand. Als die Separatisten anrückten und ein Problem mit einem ihrer Räder hatten, ersetzten sie es durch ein Rad vom Denkmal.

»Wie vor siebzig Jahren ist der Feind wieder in unser Land eingedrungen. Der Faschismus hat sein Haupt erhoben«, schreibt die Wochenzeitung *Neurussland*.

»Im Donbass wird gekämpft wie im Großen Vaterländischen Krieg«, berichtet ›Oplot‹ TV. Eine Sendung über die Helden des DNR, eine Sendung über die Veteranen. Senioren, in Orden gehüllt, sagen: »Wieder einmal ist dieser Abschaum zu uns gekommen.«

Auf einem Plakat vor dem Donezker Theater lächelt Stalin (70. Jahrestag des Großen Sieges!), und auf Plakaten in der Nähe drückt Staatschef Alexander Sachartschenko den Veteranen die Hand: »Wir werden siegen wie unsere Großväter.«

»Wir verstecken uns in denselben Katakomben, in denen sich die Partisanen vor den Faschisten versteckten«, sagen die Veteranen. »Manchmal finden wir einen Helm mit einem Einschussloch oder ein Gewehr. Dann überkommt uns eine Art Mystik. Vor siebzig Jahren waren sie es, heute sind wir es. Ein und dasselbe Ziel.«

Auf der anderen Seite stünden zwar Truppen ukrainischer Nationalisten, aber es gebe schließlich auch Neofaschisten und Radikale, die aus Russland kämen, um in den Krieg zu ziehen.

»Dieselben Katakomben, Mystik – glaubst du das wirklich?«, fragen wir Sascha de Krog, der sich Nazi-Runen auf den

Arm tätowieren ließ und sich selbst als orthodoxen Faschisten bezeichnet.

»Wisst ihr«, sagt er, »das ist nur so ein Trostpflaster für die Wunden alter Leute. So etwas funktioniert sehr gut, das schließt unsere Reihen, da muss man keine Angst haben, dass das schieflaufen könnte.«

Der Donbass war nun ein belagertes Stück Land jenseits der Zeit, und seine Bewohner lebten wie in den Büchern von Fjodor Beresin, Georgi Sawizki und Gleb Bobrow.

In Savur-Mohyle wird derweil fleißig gearbeitet. Nasen und Wangen werden gerade ausgebessert.

Der Krieg von Gleb Bobrow aus dem Jahr 2007 endet mit einem Satz auf Polnisch (»Er schimpft etwas Unverständliches«), als die Hauptfigur sich opfert und in polnische Gefangenschaft gerät.

Fjodor Beresins Krieg aus dem Jahr 2009 endet mit der Hinrichtung des Feindes.

»Man kann diese Schurken nicht ändern, man kann ihnen nicht verzeihen. Hebt diesen Bastard auf und bringt ihn hierher.« Die Soldaten befestigen dem Spion ein Schild an der Brust, »Für die Zusammenarbeit mit den Okkupanten«, und hängen ihn auf dem Leninplatz auf. Er schreit und pinkelt sich vor Angst in die Hose.

Georgi Sawizkis Krieg aus dem Jahr 2009 endet mit einem großen Sieg. Die Hauptfigur Oleg fängt ein Flugzeug mit der gesamten feindlichen Führungsspitze ab, ein Neugeborenes wird getauft und die Welt ist wieder einmal geteilt:

»Der heilige Fürst Alexander Newski hat einmal gesagt: Wer mit dem Schwert kämpft, stirbt durch das Schwert. Mit Eisen brannten sie diese Worte in die Seelen ihrer Feinde. Und das nicht zum ersten Mal. Die Krim und die Ostukraine wurden mit weitgehender Autonomie Teil Russlands und mit ihnen die dortige Industrie, die Marinestützpunkte und Handelshäfen. Internationale Friedenstruppen blieben auf ukrainischem Boden, wurden aber von Russen geführt. Diese Ereignisse lösten unerwartete Veränderungen in der Weltpolitik aus. Die EU-Staaten Deutschland und Frankreich unterzeichneten mit Moskau ein Abkommen über ein paneuropäisches Luft- und Raketenabwehrsystem auf der Grundlage der russischen Raketensysteme S-300 Favorit und S-400 Triumf. Polen, Tschechien, die Slowakei und Ungarn kündigten ihren Austritt aus dem NATO-Bündnis an, und auch die baltischen Staaten änderten ihre Haltung gegenüber Russland. »Wir haben diesen Krieg nicht begonnen, aber wir haben ihn gewonnen«, erklärte der Präsident der Russischen Föderation auf einem Podium.«

Und wie wird der reale Krieg enden? Was wird aus dem Donbass?

»Ich hoffe, dass unser Land auf der Landkarte bleibt. Wir werden nicht das Zentrum der Welt sein, das ist sicher. Aber vielleicht rücken wir wenigstens ein bisschen nach vorne«, grübelt Beresin im Sessel des Schriftstellerverbandes. »Und die Zukunft? Was wird die Zukunft bringen? Vielleicht erfinden wir die Unsterblichkeit? Vielleicht kommt das Zeitalter der Cyborgs? Das wäre eine gute Nachricht für mich. Ich habe viele Techno-Thriller geschrieben, in denen es jede Menge Elektronik und Eisen gibt. Vielleicht würden meine Bücher Cyborgs ansprechen?«

Für Gleb Bobrow ist das Schreiben über die Zukunft ein metaphysischer Prozess. Um zu wissen, was sein wird, müsse er anfangen zu schreiben.

»Aber eines weiß ich jetzt schon. Die russische Welt deckt sich nicht mit den Grenzen der Russischen Föderation. Sie ist größer, sie erstreckt sich auch auf die Nachbarstaaten Russlands. Und wenn diese Staaten nicht in der Lage sind, eine vernünftige Politik zu betreiben, dann … Und es macht keinen Sinn, die Ukraine so zu lassen, wie sie jetzt ist. Schließlich leben dort Millionen Russen. Wir werden unsere jungen Staaten in Ruhe aufbauen. Schon jetzt entstehen Polizeistrukturen, das Bankensystem und aus den Freiwilligenbataillonen wird eine reguläre Armee. Vor nicht allzu langer Zeit hatten wir Probleme, die Renten zu zahlen, aber heute? Alle Schulkinder bekommen ein Mittagessen, einen ersten Gang, einen zweiten Gang und Kompott. Sogar Brötchen zum Frühstück. Das gab es früher nicht.«

Georgi Sawizki prophezeit dem Donbass eine rasante Entwicklung.

»Wir sollten uns so entwickeln, dass wir nicht mehr bei den Russen betteln, sondern als Partner ein Teil von Russland werden. Und in ein, zwei Jahren wird die Wirtschaftsmigration aus der Ukraine in die Donezker Volksrepublik beginnen.«

Sawizki glaubt, dass genau das passieren wird. Dass humanitäre Konvois aus dem Donbass in die Ukraine fahren werden. Er sieht folgende Szene vor sich: »Sie nehmen das Donezker Brot, senken den Blick und sagen »Diakujemo« auf Ukrainisch. Und das wird unser Endsieg sein.«

»Und wenn man jetzt versucht, uns anzugreifen – seht her, wie stark wir geworden sind«, fügt Beresin hinzu. »Die Ukraine hat mich als Terroristen abgestempelt, ich stehe auf Platz 15 der Liste. Aber ich habe keine Angst, ich fühle nur eine große Verantwortung. Ich war noch nie so hoch oben. Ich bin ganz oben. Wisst ihr, wie es ist, die Fäden der Geschichte in der Hand zu halten? Und sie sanft zu ziehen? Früher habe ich Geschichten erfunden und die Zukunft beschrieben. Jetzt hängt die Zukunft von meinen Entscheidungen ab.«

»Hier spricht Andrei Purgin.« Endlich geht er ans Telefon.

Er ist aus dem Gefängnis entlassen worden und gerade nach Russland geflüchtet.

Die Politiker in der Donezker Volksrepublik sind nur ein langer Schatten der russischen. Die wirklichen Spiele werden dort ausgetragen, hier sieht man nur die Lichter flackern. Jeder Machthaber ist ein Protegé von jemandem dort, jede Fraktion in der Republik wird von Russland unterstützt. Den Politikern im Donbass läuft die Zeit davon, der Krieg und die Möglichkeiten neigen sich dem Ende zu. Wer wird die Führung übernehmen? Nachts kämpfen Freiwilligenbataillone auf den Straßen. Kraftfahrer und Bergarbeiter, die zu Ministern und Generälen aufgestiegen sind, verschwören sich gegeneinander.

Igor Girkin ›Strelkow‹ wurde bereits nach Russland verbannt (er hat dort eine Bewegung gegründet), Alexej Mozgowoj von der Brigade ›Widmo‹, der die Behörden kritisiert hatte, wurde in der Nähe von Altschewsk durch eine gezielte Sprengladung in die Luft gejagt. Auch auf Staatschef Alexander Sachartschenko wurde ein Attentat verübt.

Andrei Purgin hat bereits geahnt, dass so etwas passieren würde. Er wurde festgenommen, als er mit einem anderen Politiker, Alexej Alexandrow, die Grenze zur DNR überqueren wollte. Alexandrow ist verschwunden und niemand weiß, wo er sich aufhält. Purgins Verhaftung dauerte nicht lange, er hatte bereits den Ruf einer Legende in der Republik. Er war unantastbar, aber gleichzeitig hatte er auf nichts Einfluss. In einem Staat, der den Namen der von ihm gegründeten separatistischen Organisation trägt und dessen Flagge und Emblem seine Symbole sind, bedeutet er heute nichts mehr. Purgins Absetzung als stellvertretender Parlamentssprecher wurde von der gesamten Kammer gebilligt, auch von denen, die nur dank Purgin auf den Abgeordnetenstühlen saßen. Selbst die Organisation der ›Donezker Republik‹ hat ihn im Stich gelassen.

»Die Leute haben Angst vor denen, die keine Macht wollen, aber wirklich an die Sache glauben«, erzählt Professor Baryschnikow. »Purgins Hartnäckigkeit machte ihnen Angst. Zudem hat er von Anfang an wichtige Verbündete vergrault und viele unbekannte Leute um sich geschart. Schon ein Jahr zuvor hatte ich Purgin gefragt: Woher kommt dieser große Herr, Denis Puschilin? Ich hatte ihn nie bei Märschen, Versammlungen oder Demonstrationen gesehen. Er antwortete, er sei sehr nützlich. Puschilin wurde sofort Parlamentssprecher, und jetzt hat dieser Mann Purgin begraben.«

»Puschilin ist bei uns bereits zu Gott Vater, Sohn und Heiligem Geist geworden«, sagt Purgin verbittert. »Er leitet humanitäre Missionen, ist Vorsitzender des Volksrates und des Exekutivkomitees der ›Donezker Republik‹ und vertritt die DNR bei Friedensgesprächen. Neulich habe ich gehört, dass er sich auch im Fußball engagiert. Und ich habe noch lange nicht alles aufgezählt. Ich glaube, er ist auch in der Landwirtschaft und in der Kokschemie tätig. Und wer kommt nach Puschilin? Wer ist der Nächste im Kaleidoskop?«

Dass Russland den Donbass annektiert, glaubt in Donezk niemand mehr. Auch die Russen selbst wollen das nicht: In der Russischen Föderation wurde eine Umfrage durchgeführt. Nur sechzehn Prozent hielten das für eine gute Lösung. Nützlich für Moskau ist der instabile Donbass, eine nicht anerkannte Republik, die Chaos ins ukrainische Leben bringt.

Ein Fegefeuer, sagen die Bewohner, für immer. Sie sprechen jetzt etwas leiser über Politik, senken die Stimme, beugen sich näher zu ihrem Gesprächspartner.

Andere munkeln, man verhandle bereits über Autonomierechte und die Übergabe an die Ukraine. »Rinat ist zurück«, sagen sie, »unser Achmetow ist wieder im Spiel«.

Als der reichste Mann des Donbass vor einigen Monaten in die Stadt kam, hielt sich das ukrainische Militär zurück. Sein Treffen mit Puschilin und Sachartschenko fand hinter verschlossenen Türen statt und dauerte sehr lange. Worüber gesprochen wurde, ist nicht bekannt. In den Häusern und in den Schützengräben erzählt man sich, die größte Schwierigkeit sei die Frage gewesen, wie man die von zwei Jahren Krieg erschöpften Bewohner davon überzeugen könne, dass alles wieder so werden müsse wie vorher: Der Donbass müsse wieder ukrainisch werden.

Professor Baryschnikow ist gerade unterwegs, um Sauerampfer zu kaufen. Seine Frau schickt ihn regelmäßig auf den Markt, um die Zutaten für ihre Suppen einzukaufen.

»Ich bin arbeitslos«, gibt er zu. »In unserem neuen Staat gab es keinen Platz für mich, nicht einmal als mittleren Beamten wollte man mich haben. Das Parlament von Neurussland existiert nur noch, muss ich ehrlich sagen, weil die Prozedur seiner Auflösung sehr kompliziert ist. Wir machen dort nichts, versteht ihr? Wir haben schöne Ausweise, die nichts bedeuten. Ich trage meine Waffe mit der Gravur auch nicht mehr, weil ein Abgeordneter in einem Café kontrolliert wurde, als er eine Waffe trug, und jetzt Ärger hat. Seit meiner letzten öffentlichen Rede sind vier Monate vergangen. Im Informationsministerium der DNR gibt es eine schwarze Liste von Leuten, die nicht sprechen dürfen. Ich stehe darauf und Andrei Purgin auch. Und dabei sage ich nichts Besonderes! Ich kann mich ja beherrschen. Beschämt gebe ich zu, dass vor allem, was wir getan haben, die Meinungsfreiheit in der Ukraine größer war als jetzt. Andere Stimmen, vor allem laut geäußerte, werden heute nicht gern gehört. Die neue Elite hat ihr Geld gemacht und kümmert sich nicht mehr um die Sache. Autoritäre Tendenzen machen sich bemerkbar. Gewerkschaften und Jugendorganisationen etablieren sich an der Macht, politische Parteien gibt es nicht, wir haben bereits einen Personenkult um das Staatsoberhaupt …«

»Und die Korruption?«

»Die Behörden verlangen Bestechungsgelder für die Lizenzvergabe und die Inbetriebnahme privater Minen. Die Höhe richtet sich nach dem erwarteten Umsatz und der Qualität der Kohle. Parlamentssitze, Bürgermeisterämter und Posten in der Verwaltung sind käuflich. Ja, wir waren große Romantiker. Wir dachten, die Ukraine würde zusammenbrechen. Die beste Zeit war der Sommer 2014, Juli und August. Der Krieg war neu, frisch. Auf dem Weg nach Lugansk wurden sogar wir beschossen. Neue Zeiten brachen an! Nun, ein neuer Artjom muss her, der uns wieder zum Kämpfen anspornt. Wahrscheinlich werde ich gleich hören: Du hast die Ukraine kritisiert, du hast den Schülern gesagt, dass du etwas Besseres schaffen kannst, eine eigene …«

»Hast du es geschafft?«

Er schweigt lange.

»Das kann ich nicht beantworten. Ich müsste den Ansatz einer Entwicklung sehen, einen Hoffnungsschimmer für die Zukunft, und den sehe ich nicht. In der Ukraine stehe ich auf der Terrorliste, und im Osten? Wenn du die Grenze nach Russland überquerst, bist du für die Russen immer noch ein Ukrainer. Die Leute stehen 24 Stunden an, um das Land zu verlassen. Vor allem«, der Professor wird etwas munterer, »vermisse ich das Bier. Das beste kam aus dem Westen, und hier gibt es keins. Aber wenigstens hat die Stadt das Schlimmste überstanden, oder? Abends gehe ich auf den Puschkin-Boulevard, da muss man einen Tisch reservieren. Die Teller klappern, das Essen duftet. Die Menschen sind wieder lebendig. Und wenn irgendwo noch geschossen wird, dann erreichen mich diese Geräusche nicht mehr.«

Im Keller des Gemeindezentrums Trudove schlafen nur zehn Menschen. Seit einer Woche ist es still. Separatisten und Ukrainer sind dabei, Waffen mit einem Kaliber von über hundert Millimetern von der Frontlinie abzuziehen. Als nächstes soll eine Pufferzone von dreißig Kilometern eingerichtet werden.

»Aber wir kennen ihren Frieden schon. Wenn sie sich die Hände reichen, dass es ein Ende gibt, einen Waffenstillstand, dann fängt es bei uns an. Wenn sie ›Abkommen‹ sagen, fangen sie an zu schießen. Dort unterschreiben sie einen Waffenstillstand, hier fallen sie übereinander her und kämpfen wie wilde Hunde um einen Knochen. Nach dem letzten Waffenstillstand dachten wir, dass von dem Weiler nichts mehr übrig bleiben würde«, erzählen die ›Orakel‹ aus dem Schutzraum. »Dann haben sie den letzten Laden getroffen. Aber sie haben die Stützpunkte in der Gegend abgebaut, also vielleicht wirklich? Seit

September gehen unsere Kinder zur Schule. Beim Appell haben wir geweint. Vorher waren tausend Kinder in der Schule, jetzt sind es noch hundertsechzig. Sie gehen zur Schule, kommen zurück, machen ihre Hausaufgaben und gehen dann in den Keller, um bei uns zu schlafen. Früher haben wir uns immer beschwert, dass die Alten, die sogenannten Kriegskinder, Unterstützung bekommen. Wir haben gefragt: Wofür kriegen die Geld, die haben damals doch nur ein paar Jahre gehabt, haben die an der Front gekämpft? Wie dumm von uns. Jetzt schauen wir unsere eigenen Kinder an und verstehen. Und diese Kriegskinder, die alten Omas und Opas, die waren auf alles am besten vorbereitet. Viele von uns hat der Bürgerkrieg getrennt, viele Familien sind auseinander gegangen. Wisst ihr, vor dem Krieg hatten wir hier Hasen. Nach den ersten Explosionen hörte eine Hasenmutter, eine schöne alte Hasenmutter, auf, sich zu bewegen. Wir haben sie seziert und da war ein Herz, ein riesiges Herz, das in zwei Hälften gebrochen war. Ist es bei uns anders? Die Zeit vergeht. Jemand hat einen Fernseher in den Keller gebracht, aber wir schauen nur noch Nachrichten. Früher waren es meistens Serien …«

»Oh, schau mal, da! Eine SMS ist gekommen«, unterbricht plötzlich eine junge Frau. »Die Bank in Kiew will wieder wissen, wann ich den Kredit zurückzahle. Sie rufen mich deswegen auch an. Ich sage ihnen, dass ich ihn zurückzahle, wenn sie meine Rente schicken und wenn die Banken hier wieder anfangen zu arbeiten. Sie drohen mit der Zwangsvollstreckung. Also, sage ich, kommt her, ich gebe euch die Adresse meiner Unterkunft: das Trudove Gemeindezentrum.«

Wir fragen uns, wie wir ihnen sagen sollen, dass dort, wo wir herkommen, kaum noch jemand Geschichten von Kellern und

Bomben hören will. Niemand interessiert sich mehr für ihre Angst oder ihren Hunger, für ihren Krieg, der sich nur noch kurz in den Nachrichten abspielt, zwischen Zeichentrickfilm und Seifenoper, zwischen Mittag- und Abendessen. Die Artikel in den Zeitungen werden immer kürzer und wandern auf die hinteren Seiten. Im Internet klickt kaum noch jemand die Schlagzeilen über den Krieg im Donbass an: Dieser Krieg sei langweilig, es passiere nichts, er sei völlig uninteressant. Neue Eindrücke aus anderen Teilen der Welt fallen mehr ins Auge. Etwas Frischeres – eine Art frisches Elend.

Wir kommen in einem klapprigen Bus vom Gemeindezentrum zurück, er hält hinter den letzten Barrikaden, zwischen den Trümmern, im Schutt. Zuerst ist er leer, doch je weiter er sich von der Frontlinie entfernt, desto mehr füllt er sich mit Menschen. Ein Mann mit einer kratzigen Gitarre zwängt sich hinein und fängt an zu singen:

> Im Hof zimmert man Brettertische zum Fest.
> Man spielt Domino, prüft die Zeit, die kaum fließt.
> Maitage sind lang und die Ungeduld wächst.
> Stur zieht sich die Zeit, obwohl alles klar ist!

Der Bus hüpft über die Schlaglöcher, und jedes Mal summt die verstimmte Gitarre einen Ton höher.

> Ikonen sind rein von Kerzenruß. Schön ist es zu sehen!
> Und Seele und Mund schaffen selber Gebet und Gedicht.

Der alte Mann auf dem Beifahrersitz bedeckt ein Lächeln mit der Hand, als schämte er sich. Draußen vor dem Fenster fallen

Kastanien auf den Bürgersteig. Die Wahlplakate verschwinden von den Wänden und Tafeln (die Wahl wurde inzwischen abgesagt).

Schon erklingen erbeutete Akkordeons aus den Fenstern,
und schon schwören Verliebte in Eintracht für immer zu sein.
Doch immer noch gehen und gehen Transporte nach Westen!
Sind nicht alle Feinde bis jetzt schon vernichtet und klein?

Der Mann sammelt das Geld ein, springt aus dem Bus und lässt uns mit einer seltsamen Grimasse zurück, halb lächelnd, halb traurig, in stillem Einverständnis.

An der Bushaltestelle wartet eine Gruppe Soldaten. Wir fahren an einem Laden vorbei, an dem ein altes Plakat für Kinderpartys wirbt: »Geburtstagsfeier im militärischen Stil. Viel Spaß garantiert. Kommt zum Schießen.«

Wann läuft die Zeit endlich weiter? Die Uhr am Postturm wird gerade repariert und soll bald wieder eine andere Zeit als 8:55 Uhr anzeigen. Ob das alles besser oder schlechter macht? Das fragen sich die Bewohner der Stadt.

In den letzten acht Monaten wurden in der neuen Republik 6182 Babys geboren. Neun Personen haben bereits die neuen Fahrschulen besucht und die staatliche Fahrprüfung bestanden (die nur auf DNR-Straßen anerkannt wird). Die ersten Züge seit langem, 6082/6081 Jassynuwata – Larino, 6083/6084 Donezk – Ilowajsk, verlassen den Bahnhof. Auch die Fleischfabrik in Gorlovsk hat ihren Betrieb wieder aufgenommen, ein elektronisches Zahlungssystem wurde geschaffen. Der neue Bürgermeister von Donezk verkündete, dass Donezk wieder die Stadt der eine Million Rosen werden würde (es wurde berechnet, dass 50.000 Rosenstöcke gepflanzt werden müssten, um dieses Ziel zu erreichen).

Die Stadt von John Hughes, die Stadt der Stachanowzy, die Stadt des Milliardärs Achmetow und des Revolutionärs Artjom bereitet sich auf den Winter vor, die Tage werden kurz und kalt, der Himmel verdunkelt sich. Zum ersten Mal seit langem sind in Donezk nachts keine Schüsse zu hören. Die Menschen sind überrascht von der Stille und fragen sich, was wohl noch kommen wird.

Der Mann mit der Lederjacke ist Sascha de Krog. Vor vielen Monaten hat er Menschen getötet. Jetzt verlässt er die Reihen der Armee.

»Die Armee wird immer professioneller, Freigeister werden ausgemustert«, sagt er. »Das macht mich gar nicht glücklich. Früher gab es auch im Stab Leute wie mich, mit Kriegserfahrung und viel Herzblut für die Sache. Und heute? Da gibt es die Büromuffel, die gerne mit Papieren spielen, sie von Schreibtisch zu Schreibtisch schieben, Akten verlieren und wieder neu anlegen. Medaillen und Orden sind ziemlich wertlos geworden, weil jeder ein paar davon an der Brust trägt. Wir sollten angreifen! Die Grenzen erweitern, Mariupol einnehmen! Ich weiß, wir haben kaum noch Kraft. Doch die Soldaten glauben noch daran, sie tragen die Abzeichen von Neurussland auf ihren Schultern. Aber der Glaube wird nicht lange halten. Noch vor kurzem haben wir gesagt: Leute, haltet durch, bis der Krieg vorbei ist. Und was soll man jetzt sagen? Man muss uns den Weg zeigen, uns einen Traum von einer besseren Zukunft geben, Nahrung für die Seele. Eines haben wir erreicht, wir sind kein Teil der Ukraine mehr. Aber was nun? Haben unsere Machthaber vergessen, warum die

Bergleute und Bauarbeiter auf die Barrikaden gegangen sind? Wir haben davon geträumt, dass es wie auf der Krim wird. Dass wir nur die Verwaltungsgebäude besetzen müssen, und schon wird Russland uns helfen. Hat es aber nicht. Dann vielleicht, dass wir die Unabhängigkeit erklären und Russland kommt. Es kam aber nicht. Schließlich haben wir uns gesagt, wenn die Ukrainer anfangen, uns zu bombardieren, werden die Russen kommen. Sie kamen aber nicht. Wir werden seit einem Jahr bombardiert und ja, wir bekommen Hilfe von Russland, aber warum nur diese seltsame Art von Hilfe? Warum kommen sie nicht offiziell? Warum hat das gute alte Russland auf die Menschen auf der Krim gehört, die keinen Tropfen Blut vergossen haben, die nicht wissen, wie es ist, ihre Kinder in einer gusseisernen Badewanne zu begraben? Warum hat man nicht auf uns im Donbass gehört? Ich habe mein Bataillon verlassen, es wurde in eine Spezialeinheit umgewandelt. Ich wollte eine Pause vom Krieg. Ich wollte mich anders verwirklichen als mit meinen zugegebenermaßen treffsicheren Schüssen. Ich habe im Verkehrsministerium gearbeitet, im Sicherheitsdienst. Aber ich habe es dort nicht weit gebracht. Etwas fehlte. Ich habe mich auch beim Ministerium für Nationale Sicherheit beworben. Ich wurde zum Vorstellungsgespräch eingeladen. Aber irgendwie rufen sie mich jetzt nicht zurück.«

Igor Girkin, genannt ›Strelkow‹, versucht sich als humanitärer Helfer in Russland. Er gründete das ›Komitee 25. Januar‹. Er schreibt auch Märchen für Kinder, in denen es meist um Kämpfe und Schlachten geht. Das Märchen vom unsichtbaren Schloss endet mit einem Kampf, den die Hauszwerge austragen. Sie beschießen sich mit Zauberraketen und nehmen sich gegenseitig gefangen. In dem Märchen vom Hauszwerg, der zum

Mond lief, beschreibt ›Strelkow‹ die Belagerung der Burg Heldiborn. Als die Feinde die Burg stürmen, schleicht sich der Hauszwerg Bryk in das feindliche Lager. Er wird von Zubon, einem Zwerg aus dem Lager der Ritter von Wufenzig, entdeckt, und es kommt zum Kampf. Funken sprühen, Miniaturschwerter sausen durch die Luft, abgetrennte Finger und eine Nasenspitze fliegen durch die Luft. Als Zubon Verstärkung erhält, springt Bryk zum Mond, der über dem See schwebt. Es kommt zu einer Sonnenfinsternis und die Feinde ertrinken im Abgrund.

Happy End.

Gubarew, der Besitzer der Werbeagentur Patison, früher manchmal auch Väterchen Frost und später erster Volksgouverneur, ist jetzt mit seinem autobiografischen Buch auf Autorenabenden unterwegs: *Pawel Gubarew. Die Fackel von Neurussland*. Er wurde Bürgermeister des Städtchens Jassynuwata, aus dem die Kosmetikerin Irina stammt.

»Und ich habe mich um meine Familie gekümmert. Wisst ihr, dass mein ältester Sohn Bauunternehmer werden will?«, fragt Gubarew. »Er hat sich ein Ziel gesetzt: Er will ein Raumschiff bauen, mit dem die Menschheit zu einem anderen Planeten fliehen kann. Denn unserer, da ist er sich sicher, wird ganz schwarz und lebensunfähig werden. Nein, niemand hat ihm Science Fiction vorgelesen, das hat er sich selbst ausgedacht. Er meint es ernst und ist fest davon überzeugt: Der Planet wird schwarz und leblos.«

Enrique Menendez und Schenja Schjalow, die zwei ›Verantwortlichen Bürger‹, die weiterhin Medikamente an Menschen verteilen, die von allen vergessen wurden, wollen in Donezk ein neues Leben beginnen. Enrique will seine Frau und seine Tochter nachholen.

»Die Menschen müssen zurückkehren«, sagt er. »Das ist die einzige Hoffnung, die einzige Triebkraft. Das ist schließlich unsere Stadt, und wir dürfen nicht zulassen, dass sie uns weggenommen wird, von wem auch immer. Ich kenne einen Polizisten, der in die Ukraine geflohen ist und dort wie ein Bürger zweiter Klasse behandelt wurde. Kürzlich sah ich ihn in einer DNR-Polizeiuniform auf der Straße stehen. Er ist zurückgekommen. Irgendwie muss man ja leben.«

Enrique ahnt nicht, dass in ein paar Monaten, mitten im Winter, das Büro der ›Verantwortlichen Bürger‹ von der DNR durchsucht und versiegelt, ihre Autos beschlagnahmt und sie selbst verhaftet werden. Er vermutet nicht, dass er und Schenja ohne Rückkehrrecht aus der Volksrepublik Donezk ausgewiesen werden. Die ›Verantwortlichen Bürger‹ erhalten ein offizielles Papier: »Ausweisung aus Donezk.« Eine Anklage wird es nicht geben. Die Helfer werden nachts in Frontnähe im Niemandsland abgesetzt und auf der anderen Seite mit Maschinengewehrsalven empfangen.

(Die ukrainische Organisation Myrotvorets, die die ›Verantwortlichen Bürger‹ zuvor als Verräter bezeichnet hatte, weil sie mit den Behörden der Separatistenrepublik zusammenarbeiteten, hat nun auch uns ins Visier genommen. Reisen nach Donezk und Akkreditierungen als DNR-Journalisten gelten als Beweis für die Zusammenarbeit mit Terroristen.)

Der inhaftierte Donezker Banksy, der Maler Sergei Sacharow, kandidiert auf ukrainischer Seite für das Amt des Bürgermeisters der Stadt Mariupol.

»Die Menschen hier denken genauso wie in Donezk, schließlich liegt die Stadt nicht weit weg von uns«, sagt er. »Die Leute in Kiew verstehe ich weniger. Und ich habe auch das Gefühl, dass durch Mariupol eine ähnliche Welle rollt wie die, die in Donezk zum Elend geführt hat. Es ist schwer zu atmen. Ich wollte zeigen, dass es einen Kandidaten geben kann, der von außen kommt. Aber wie? Die Reden werden bezahlt und die Wahl scheint schon entschieden. Ich habe den Raum gesehen, in dem die Wahlkommission tagt. Er gehört dem Oppositionsblock. Die Stadt wird immer noch von Leuten aus der Partei der Regionen des ehemaligen Präsidenten regiert, nur kandidieren sie auf Listen anderer Parteien.«

Sacharow beklagt, dass ihm die lokalen Behörden während des Wahlkampfes Steine in den Weg legten. Er habe keinen Kandidatenausweis bekommen, also habe er selbst einen gezeichnet.

Ein Jahr zuvor hatten Mitglieder des ukrainischen Asow-Bataillons in Mariupol den ehemaligen Donezker Stadtsekretär und Krimiautor Sergei Bogatschow festgenommen. Die vermummten Männer schleppten ihn in eine verlassene Fabrik und zwangen ihn zu gestehen, separatistische Demonstrationen finanziert zu haben. Dann warfen sie ihn nachts auf einer Straße in der Nähe der Stadt aus dem Auto. Er verließ die Ukraine und schreibt weiterhin reißerische Bücher darüber, was man auf politischen Versammlungen besser nicht sagen sollte.

In *Der Fluch des Mithridates* schildert er seine Version des Abschusses der malaysischen Boeing. Die Geschichte beginnt im zweiten vorchristlichen Jahrhundert im Königreich Bosporus auf der Krim und handelt von einem verfluchten Pektorale (einer skythischen Halskette).

»Es wurde in einem Grabhügel in der Ukraine gefunden«, erklärt Bogatschow. »Als es zur Begutachtung nach Italien geschickt wurde, ertranken die Menschen dort in den Fluten.

Es war auf der Krim, als der Anschluss kam. Und jetzt liegt es in einem Museum in den Niederlanden, und die Gerichte müssen über sein weiteres Schicksal entscheiden. Und woher kam das Flugzeug? Da kam mir der Gedanke, dass es nicht die Separatisten waren, die das Flugzeug abgeschossen haben. Der Bürgerkrieg ist nicht unsere Schuld. Es ist der Fluch des skythischen Goldes, der Fluch des freigelegten Pektorales. Dieses Land ist einfach verflucht.«

Zwei Jahre lang beobachteten wir, wie sich die Stadt veränderte. Zuerst aus den Fenstern des Central Hotels, dann, nachdem die Hotels geschlossen hatten, aus der Wohnung, die wir im Stadtzentrum mieteten, erlebten wir, wie die Flaggen an den Fahnenmasten ausgetauscht wurden. Die alten Schilder an den Gebäuden wurden durch neue ersetzt, die Fernsehsender wechselten, die Zeitungen an den Kiosken, sogar die Währung, mit der man die Zeitungen bezahlte, wurde eine andere.

Nach und nach veränderten sich auch die Menschen. Noch vor zwei Jahren schlenderten sie langsam durch die Tscheljuskinzew-Straße und blieben vor den Schaufenstern stehen. Heute huschen sie wie Katzen vorbei. Auch die fröhliche Soja Andrijiwna, die uns früher oft besuchte, auf dem Sofa saß, die Füße in ihren festlichen Pantoffeln ausstreckte und an den schlimmsten Tagen versuchte, in der Welt um sie herum etwas Amüsantes zu finden, wurde von Monat zu Monat düsterer, sank in sich zusammen und beugte sich immer mehr zu Boden, bis sie alle Kraft und Hoffnung verloren hatte.

Wir essen mit ihr in der Kantine *Neue Tafel* zu Mittag. Gerade wurde eine Gedenktafel für den ukrainischen Dichter Wassyl

Stus von der Wand des Universitätsgebäudes entfernt. Für diese Tafel hatte Soja ihr halbes Leben in Donezk gekämpft.

Und jetzt ist sie auch noch pleite.

»Eine Tomate kostet fünf Rubel. Soll ich sie essen oder in eine Kristallvase stellen und den Staub wegpusten? Mein Mann ist nach Kramatorsk gefahren, um das Geld zu holen, das wir für unsere Beerdigung zurückgelegt haben. Wir schlafen getrennt, ich mit der Katze, er allein. Eines Nachts trafen wir uns in der Küche, wir wollten beide ein Glas Wasser trinken. Die Stille um Mitternacht macht sich bemerkbar, ein Mensch, der an Lärm gewöhnt ist, schläft mit offenen Augen. Ich sagte zu ihm: ›Und warum unterstützt du immer noch diesen DNR-Abschaum? Haben sie dir eine so tolle Zukunft beschert?‹ Er schrie, Kiew sei mit Panzern gekommen. ›Sei still! Stör die Katze nicht beim Schlafen!‹, sagte ich.«

Um etwas Geld zu verdienen, hat Soja einen Job in der Schule angenommen. Statt Mathematik soll sie Militärkunde unterrichten.

»Und wie man sich vor radioaktivem und chemischem Müll schützt. Und das sind die Notizen vom heutigen Unterricht, Thema: ›Organisatorische und rechtliche Grundlagen des Zivilschutzes, des Schutzes der Bevölkerung und des Territoriums vor den Auswirkungen einer umwelt- oder technologiebedingten Katastrophe.‹ Wir haben Ammoniak- und Chlorlager. Wenn die Ukrainer sie angreifen, könnte es eine Katastrophe geben«, sagt sie und nestelt an ihren Stöckelschuhen. Neue kann sie sich nicht leisten, also holt sie die besten aus dem Schrank und schlurft damit durch den Schlamm.

»Soja, aber deine Söhne sind noch in der ukrainischen Armee?«

»Nun ja … Es wird schon irgendwie gehen«, fügt sie nach einer Weile hinzu.

Um fünf Uhr morgens verlassen wir Donezk. Fahle Lichter flackern aus den Vororten. An der ersten Barrikade nickt uns ein gähnender Rebell zu, ohne sich um unsere Papiere zu kümmern. An der zweiten erfahren wir, dass die Lichter Schüsse sind: Die separatistischen Truppen bekämpfen sich in den Straßen der Vororte. Die letzte Barrikade steht außerhalb der Stadt, im Nebel, auf einem Feld mit verdorrtem Gras. Jemand klopft auf das Dach des Wagens. Der Wagen rollt los und wirbelt Sand auf. Über der Steppe bricht gerade der Tag an. Auch wir fühlen uns wie aus einem Traum erwacht.

Die Kosmetikerin – Irina, die Säulenheilige – war seit einem Jahr nicht mehr in Donezk. Sie lebt mit ihrem Mann in Kiew. Als in der Ukraine Wahlen anstanden, ließ sie sich überreden, in Slowjansk zu kandidieren. Eine Abgeordnete, die das Volk vertritt und Korruption verabscheut. Irina gefiel die Idee. Doch hinter den Kulissen sah sie, wie die Wahl ablief. Vertreter des Gegenkandidaten verteilten Geld für Stimmen. Er gewann. Er bekam neunundzwanzig Prozent der Stimmen und sie nur fünf, obwohl ihn niemand je in der Stadt gesehen hatte.

Auf den Kundgebungen wollte Irina ehrlich sein. Sie versprach, in Slowjansk zu leben und gemeinsam mit den Einwohnern zu entscheiden, was das Beste für die Stadt sei.

Eine Frau rief aus der Menge: »Sag uns lieber, wie die Osseten dich gefickt haben!«

Die Menge lachte.

Sie und ihr Mann haben eine Hypothek auf ein Haus in der Nähe von Kiew aufgenommen. Es ist noch nicht fertig,

Betonboden, kahle Wände und nur ein Zimmer, in dem man irgendwie schlafen kann. Aus Mariupol haben sie ein Sofa und einen Kühlschrank mitgebracht, Freunde haben einen alten Teppich gespendet. Ja, Irina fängt an, Wurzeln zu schlagen. Sie hat angefangen, Tomaten anzubauen. Vielleicht legt sie einen Garten an, wie sie ihn in der Nähe von Donezk hatte?

Ihr Mann sagt:

»Schau, Irina, wir haben alles verloren, aber jetzt sind wir an einem so schönen Ort. Mitten in der Ukraine. Fünf Stunden und wir sind in Lemberg, fünf Stunden nach Donezk. Genau in der Mitte, zwischen Ost und West.«

Zwar fahren sie nirgendwo hin, weil sie sich das Benzin nicht leisten können, aber Träume kosten schließlich nichts.

Irina kann oft nicht schlafen und fragt sich, ob das Bild, das sie in Saigon gekauft hat, noch im Wohnzimmer hängt. Hat es niemand abgehängt? Wurde es gestohlen? Und der Küchentrichter, mit dem sie den Apfelsaft in Flaschen goss, ist der noch da? Er ist das Einzige, was ihr von ihrer Großmutter geblieben war. Irina träumt davon, dass sie eines Tages nach Hause kommt, alles ist zerstört, verstreut, grauer Schutt und Müll, zerbrochene Fenster, völlig kahle Wände, Leere, aber da ist dieser Trichter in der Ecke des Zimmers, wenn auch zerkratzt und verstaubt.

Dann wäre sie wahrscheinlich der glücklichste Mensch der Welt.

Bibliographische Angaben

Wir haben unter anderem auf folgende Werke Bezug genommen:

Сергей Валентинович Богачев, Газовый контракт, изд. ООО Украинская газета „Труд", Донецк 2013 [Sergei Walentinowitsch Bogatschow: *Der Gasvertrag*].

Фёдор Дмитриевич Березин, Украинский фронт. Красные звёзды над майданом, изд. Яуза, Москва 2013 [Fjodor Dmitrijewitsch Beresin: *Die Ukrainische Front. Rote Sterne über dem Majdan*].

Глеб Леонидович Бобров, Украина в огне. Эпоха мертворожденных, изд. Эксмо, Москва 2014 [Gleb Leonidowitsch Bobrow: *Ukraine im Krieg. Die Zeit der Totgeborenen*].

Георгий Савицкий (псевд.), Поле боя – Украина. Сломанный трезубец, изд. Эксмо, Яуза, Москва 2014 [Georgi Sawizki (Künstlername): *Schlachtfeld Ukraine. Die zerbrochene Trysub*].

Павел Юрьевич Губарев, Факел Новороссии, изд. Питер, Санкт-Петербург 2016 [Pawel Jurjewitsch Gubarew: *Die Fackel von Neurussland*].

Владимир Корнилов, Донецко-Криворожская республика. Расстрелянная мечта, изд. Folio, Харьков 2011 [Wladimir Kornilow: *Republik Donez-Kriwoi Rog. Die Erschießung eines Traumes*].

Я дрался в Новороссии. Сборник рассказов, под ред. А.М. Махрова, изд. Яуза-Пресс, Москва 2015 [A. M. Machrow (red.): *Ich habe in Neurussland gekämpft. Kurzgeschichten*].

Hiroaki Kuromiya, *Freedom and Terror in the Donbas: A Ukrainian-Russian Borderland, 1870s-1990s*, Cambridge University Press, Cambrige 2003 [*Freiheit und Terror in Donbass: Das ukrainisch-russische Grenzgebiet, 1870-1990*].

Marta Studenna-Skrukwa, *Ukraiński Donbas. Oblicza tożsamości regionalnej*, Wydawnictwo Nauka i Innowacje, Poznań 2014 [*Der ukrainische Donbass. Gesichter regionaler Identitäten*].

Briefe Donezker Arbeiter, die von der sowjetischen Zensur beschlagnahmt worden sind, zitiert nach: Marta Studenna-Skrukwa, *Ukraiński Donbas. Oblicza tożsamości regionalnej*, Wydawnictwo Nauka i Innowacje, Poznań 2014 [s.o.].

Ausschnitte aus dem Lied von Wladimir Wyssozki, *Das Lied über das Ende des Krieges* [deutsch von Leonid Kust, https://wysotsky.com/1031.htm?908].

Einige Vor- und Nachnamen der Protagonisten wurden geändert.

Soja Andrijiwna vereint die Biographien zweier Lehrerinnen aus Donezk. Beide haben uns um Anonymität gebeten.

secession